WJS CORSO

WJS

Wolf Jobst Siedler

Wanderungen zwischen Oder und Nirgendwo

Das Land der Vorfahren mit der Seele suchend

CORSO bei Siedler

Die Essays des Bandes wurden in den Jahren 1985 und 1987 geschrieben und zum ersten Mal veröffentlicht; 1988 erschienen sie in Buchform.

Der Autor hat davon abgesehen, den Text zu aktualisieren, weil es sich bei einem Buch dieser Art verbietet, den jeweils neuesten Veränderungen auf der Spur zu sein.

Inhalt

Daher gleicht die historische Wahrheit gewissermaßen den Wolken, die erst in der Ferne vor den Augen Gestalt erhalten; und daher sind die Tatsachen der Geschichte in ihren einzelnen verknüpfenden Umständen wenig mehr als die Resultate der Überlieferung und Forschung, die man übereingekommen ist, für wahr anzunehmen.

Wilhelm von Humboldt

Ein Geschichtsschreiber hat es nicht mit dem, was wirklich geschehen ist, sondern nur mit den vermeintlichen Ereignissen zu tun. Sein Thema, die sogenannte Weltgeschichte, sind Meinungen über vermeintliche Handlungen und deren vermeintliche Motive. Alle Historiker erzählen von Dingen, die nie existiert haben, außer in der Vorstellung.

Friedrich Nietzsche

Erste Station
Löwe noch im Wüstensand

WENN MAN NOCH IMMER IN DEMSELBEN HAUS LEBT, in dem man seine Kindheit verbrachte und Abschied von Eltern und Großeltern nahm, macht es keine Mühe, Empfindungen der Anhänglichkeit an die Stadt seines Lebens zu entwickeln. Fallen die Stationen des eigenen Weges aber mit denen des Gemeinwesens zusammen, so schimmert durch beiläufige Erinnerungen die Epoche hindurch.

Berlin, das war der Schulweg durch stille Villenstraßen, in denen das Geräusch des Rasensprengers deutlicher zu hören war als der Marschtritt der Bürgerkriegsarmeen, die ja längst entmachtet waren, die eine Seite wie die andere, SA wie Rotfront. Nahm der Zehnjährige etwas wahr von der Wirklichkeit des Dritten Reiches, wenn er mit den Eltern in den großen Ferien an die See fuhr, die Bäder auf Usedom oder Wollin? Wohl nur, daß auf den Strandburgen Feldzeichen gleich verschiedene Fähnchen im Seewind knatterten, die pommerschen Farben hier, die preußischen dort, wenn es nicht Phantasieflaggen waren, die kaiserliche Standarte oder der Nivea-Wimpel. Die Doppeldecker jedenfalls, die oben über die Steildünen Spruchbänder zogen, warben für Zigarettensorten, Kurkonzerte und Seebäderdienste nach Rügen oder Zoppot. Politische Parolen sind dem Rückschauenden nicht im Gedächtnis.

War es eher die Normalität als die Vulgarität, die wenige Jahre später dem Internatsschüler an Berlin auffiel, wenn er aus der Hermann-Lietz-Schule in Thüringen für die Ferien ins elterliche Haus zurückkehrte? Im dörflichen Ettersburg wie im kleinstädtischen Weimar hatte man beim Bäcker mit dem Namen des »Führers« grüßen müssen, wenn man einen Mohrenkopf oder einen Amerikaner verlangte; mit dergleichen hätte man sich in der Reichshauptstadt lächerlich gemacht.

Aber inzwischen war die Unschuld dahin. Der Pücklersche Park der Schloß-Schule Ettersburg grenzte ja an den Forst von Buchenwald, und zwischen Haselnuß-Sträuchern und Robinien-Gebüsch war man beim morgendlichen Waldlauf auf Warnschilder mit dem Totenkopf gestoßen, der auf elektrisch geladene Sperrzäune aufmerksam machte; hin und wieder war es vorgekommen, daß die Schüler nachts durch Alarmsirenen und Hundegebell geweckt wurden. Die Dorfbewohner erzählten am nächsten Morgen, daß ein Häftling – womit man sehr ungenaue Vorstellungen verband – einen Fluchtversuch gemacht oder im geladenen Drahtverhau den Tod gesucht hatte. Da kehrte man dann nach Berlin wie in die Geborgenheit zurück; schon im Internat hatte man die Spielpläne studiert, und zu Hause galt die erste Sorge Grabbes »Hannibal« in

Heinrich Georges Schiller-Theater und Shaws »Heiliger Johanna« in der Volksbühne. Das war in den Osterferien des Jahres 1940 gewesen, in vier Wochen würde der Frankreich-Feldzug beginnen.

Als er vorüber war, hatte die Mutter, deren Vater schon in den ersten Schlachten 1914 als Regiments-kommandeur gefallen war, am Tage der Siegespara-de in Paris sich am Familientisch verwundert, daß »dem Mann« alles in ein paar Wochen gelinge, was im ersten Krieg in vier langen Jahren fehlgeschla-gen war. Da hatte der Vater nur knapp bemerkt, mit der Parade der Deutschen auf den Champs-Élysées fange es an und mit der Parade der Russen Unter den Linden werde es enden. An der Tafel, der Vierzehnjährige verfolgte jedes Wort, hatte man eingeworfen, man dürfe es mit dem Haß auch nicht übertreiben, diesmal seien die Russen die Verbün-deten, nicht die Gegner. Unvergeßlich die väter-liche Antwort in das Schweigen hinein: »Es fragt sich nur, wie lange noch.«

Das war Berlin in jenem Sommer 1940. In den be-nachbarten Häusern fanden im Herbst die Garten-feste statt, auf denen die Tanzstundenfreunde der Schwester als dekorierte junge Offiziere von den Tabletts die Fruchtgetränke nahmen; schräg gegen-über der neunzehnjährige Fahnenjunker hatte das Glück einer Verwundung gehabt, die es ihm erlaub-te, einen Stock mit einer Silberkrücke zu tragen und sich elegant darauf zu stützen. Im Jahr darauf kamen aus Afrika und Rußland die Anzeigen mit den Kreuzen des Abschieds; in den Zeitungen, die man zu Hause las, war von stolzer Trauer selten die Rede; die Wendung vom Tod für Führer und Vaterland gab es in den Trauerkarten der Verwandten nicht.

Noch einmal zwei Jahre, und der Siebzehnjährige fand sich wegen einer Sache in der Zelle, die das Gericht Heimtücke und Wehrkraftzersetzung nannte; erst nach einem Dreivierteljahr wurde er gnadenweise zur Frontbewährung entlassen. Was ist politische Leidenschaft, was Widerspruchsgeist, wenn Jugendliche gegen die Epoche rebellieren? Der sich Erinnernde läßt es dahingestellt.

Aus den kurzen Tagen des Abschiedsurlaubs zwischen Zuchthaus und Front ist nur weniges deutlich in Erinnerung, Furtwängler in der unzerstörten Philharmonie und Gründgens in dem gerade wieder aufgebauten Schinkelschen Schauspielhaus, vor allem aber die Familie im Garten, der am Nachmittag verlassen werden mußte, der rußigen Asche wegen, die aus der brennenden Innenstadt herüberwehte.

Dann der allerletzte Abend vor dem Aufbruch, als die jüdische Nenntante Else Meyer – auch ihr Mann war schon im August 1914 als Bataillonskommandeur im Regiment des Großvaters gefallen – zum Lebewohl kam und zur Erinnerung eine Ziertasse mit dem Brandenburger Tor brachte. Am nächsten Morgen mußte sie sich um 3 Uhr früh am Bahnhof Grunewald zum Transport nach Osten einfinden.

Wußte die Achtzigjährige, was sich hinter dem Wort »Umsiedlung« verbarg? Sie sprach jedenfalls vom Wiedersehen – »wenn alles vorüber ist«. Die letzten Tage hatte sie in ihrer Wohnung in Lichterfelde-West in der Nähe der alten Kadettenanstalt mit Aufräumen, Silberputzen und Staubwischen verbracht. Niemand solle sagen können, sie habe eine Judenwirtschaft hinterlassen.

Vor einem lag die Front, mit der aber nach dem Vorausgegangenen nicht Gefühle der Bedrückung, sondern der Befreiung verbunden waren. Glanzvoll war nichts mehr, was man erlebte, Verwundungen und Rückzüge. Erst vier Jahre später, Ende 1947, kehrte man, vom Glück begünstigt, aus der Gefangenschaft zurück – Glück, daß die Familie es überstanden hatte; Glück, daß es noch das Haus der Kindheit gab, wenn auch erst von den Russen, dann von den Amerikanern beschlagnahmt; Glück, daß Berlin noch da war und das eigene Viertel im richtigen Sektor lag. Da waren die vertrauten Straßen des erst ein paar Jahre, aber Geschichtsepochen zurückliegenden Schulwegs, da war, als das Haus sehr bald freigegeben wurde, das Zimmer mit den vertrauten Möbeln, der Garten mit den Bäumen, in deren Ästen man eben erst geklettert war. Nur die Stämme waren immer wieder unmerklich gewachsen, an ihrem Umfang hatte man das Verstreichen der Zeit abgelesen, nach der Schulzeit, nach der Haftzeit, nach den Kriegsjahren – Verheißungen der Dauer.

Wie wäre an Weggehen zu denken gewesen? Die

Familie war hier seit je zu Hause gewesen, über die Generationen hinweg. Da war die Kadettenanstalt, wo der ungekannte Großvater als junger Hauptmann Taktik gelehrt hatte; dort war das Brandenburger Tor, auf das der Vorfahr die Quadriga gestellt hatte; wo war das Haus, von wo der andere Ahn, Zelter, seinem Freund Goethe immer die erbetenen Teltower Rübchen schicken mußte?

Und dann die Ungenannten und Unbekannten, von denen man ebensoviel und vielleicht mehr in sich trug, Handwerksmeister in der Mark, die Kaufleute Gerson am Werderschen Markt, Prediger in den alten Kirchen, Kupferstecher, Feldwebel, Justizräte. Ganz zum Schluß noch der Bruder des Vaters, Eduard Jobst, der das Buch über die märkische Stadt im Mittelalter schrieb und dann für die Weimarer Republik die Reichskanzlei baute, die Hitler so haßte, daß Speer sie umbauen mußte.

Um 1820 starben achtzig Prozent der Deutschen in dem Ort ihrer Geburt; um 1880 waren es nur noch zwanzig Prozent gewesen. Sollte man den Zufall der Beständigkeit, unerworbenes Privileg, in den Wind schlagen?

STADT DER HERKUNFT, STADT DER ERINNERUNG. IST sie jetzt nicht eine Erinnerung ihrer selbst? Natürlich – Reichshauptstadt ohne Reich, Metropole ohne Gesellschaft. Aber welche Kapitale wäre das nicht?

Ganz Europa ist voller leerer Gehäuse, der Viadukt auf dem Semmering, der nach Triest führte, die Bahnhöfe, von wo aus die Züge nach Galizien und Bosnien gingen, die Gebäude um die Trafalgar-Säule, wo die Hohen Kommissare für das Empire saßen.

Das Stück, das Alteuropa hieß, ist von der Bühne abgesetzt, überall sucht man sich neue Rollen, die Kulissen zu füllen. Ein Dutzend Fregatten vor den Falkland-Inseln und zwei Staffeln Mirage im Tschad – das ist alles, was von der Welt der High Commissioners und Generalresidenten geblieben ist. Nicht so ausnahmehaft also, was Berlin zugestoßen ist. Ist es vielleicht so, daß Berlin auch diesmal wieder nur deutlicher macht, was allerorten an Gefährdungen und Herausforderungen bereitsteht?

Die Verlockung der Großmächte des 19. Jahrhunderts, im Wilhelminischen Griff nach Weltgeltung kam die europäische Versuchung am krassesten und sinnlosesten zur Geltung. Die hektische Zersetzung der alten Gesellschaft und ihres kulturellen Selbstausdrucks, wo hätte sie greller stattgefunden als auf den Bühnen und in den Galerien Berlins? Giraudoux und Gide kamen wie Auden und Isherwood, die entfesselte Stadt zu besichtigen. Dann aber, als die Epoche der Gewaltherrschaft über ganz Europa heraufzog, hielt Berlin fast am längsten stand; Mussolini, Horthy und Pilsudski hatten ihre Macht längst etabliert, als in Berlin die demokratische Regierung durch einen Staatsstreich von rechts gestürzt werden mußte.

Schwer zu sagen, ob Berlin sich danach besonders willig der nationalen Ausschweifung ergab. Die neuen Herren, die Berlin erst zur Hauptstadt des Großdeutschen Reiches machten und dann von der Welthauptstadt Germania träumten, stammten jedenfalls nicht aus Berlin, nicht einer von ihnen. Wie Sieger zogen sie, aus Wien und München kommend, in die Residenz der Preußenkönige ein, entfalteten Macht und für kurze, trügerische Jahre auch Glanz, aber eine Berliner Veranstaltung war der Rassentraum von der Herrschaft germanischer Stämme über die Weiten Rußlands nicht. Wie hätte er das auch sein sollen, war man sich der eigenen Beimischungen slawischen und hugenottischen, jüdischen und salzburgischen Blutes doch zu sehr bewußt, sah wohl auch einen Vorzug darin. Und doch, Berlin war die Zitadelle der Gewaltherrschaft, von hier aus wurde erst Deutschland, dann Europa beherrscht, zwölf lange Jahre hindurch blickte die Welt gebannt auf die Stadt.

Aber war es nicht seit mehr als einem Jahrhundert schon so gewesen? Seit Napoleon spätestens hatten sich die deutschen Dinge immer wieder in Berlin zusammengezogen, die Freiheitskriege, die Einigungskriege und dann der sinnloseste aller Kriege, der monströse Krieg, der Weltkrieg. Lange hatte die Stadt davon profitiert, der Modernisierungselan des Wilhelminischen Reiches war hier auf seinen Höhepunkt gekommen, dann die avantgardistische Republik, das Staunen Europas. Nun zahlte sie dafür, Dynamisierungszentrum eines spät, vielleicht zu spät geborenen Nationalstaates zu sein, jetzt war sie der Schrecken der Welt.

Viel staunenswerter als die vorausgegangenen Verwandlungen war dann die letzte Metamorphose. Aus der Stadt des Führerbunkers wurde der Platz Ernst Reuters. Um 1900 war Stefan Zweig tief erschreckt, als er in einem französischen Kino die Haßausbrüche der Menge erlebte, wenn Wochenschauaufnahmen den Ritt des Kaisers über die Linden zeigten. Jetzt klatschte das Publikum in New York bei Bildern der Menschen in dem belagerten Berlin. Mehr noch als der Koreakrieg brachte die Blockade den endgültigen Zerfall der Kriegskoalition und die Bildung der neuen Allianz. Es waren die Bewohner der eingeschlossenen Stadt, die einen Wandel des Deutschlandbildes der Welt bewirkten – auch wenn man tausendmal sagen kann, der Russenschreck habe die Freiheitsliebe überwogen.

Noch einmal wurde Berlin so etwas wie deutsches Schicksal, obwohl es doch eigentlich nur noch ein Danzig oder Triest schien. War es ohne Schuld die Zentrale der Gewaltherrschaft geworden? Jedenfalls wurde es ohne Verdienst Symbol eines neuen Weltabsschnitts; Hamburg hätte in vergleichbarer Lage nicht anders gehandelt. Aber es war Berlin, dem die Geschichte die entscheidende Rolle zuspielte wie so oft zuvor.

Damals, an der Wende der zwanziger zu den dreißiger Jahren, als die Dinge auf des Messers Schneide standen, die heraufziehende Weltzivilisation mit Nigger-Musik und Wolga-Lied Verheißung und Bedrohung zugleich war, hatte Wassermann gesagt, daß Cowboys und Kosaken das Schicksal der Stadt sein würden. Es ist so gekommen, viel mehr als Wassermann wußte.

Ein sonderbarer Ort, diese Stadt, eigentlich geschichtslos, auch wenn sie eben die 750. Wiederkehr ihrer ersten Erwähnung beging. Wer will schon wissen, was hier im dreizehnten, vierzehnten, fünfzehnten Jahrhundert geschah? Und doch ein schicksalsbeladener Ort, immer wieder, Entscheidungszentrum erst für Deutschland, dann für Europa; schließlich und gegen den eigenen Willen der Punkt, wo die Interessen der Weltmächte aufeinandertreffen.

Niemand denkt es sich im Grunde aus, was es wirklich heißt, Trennlinie zweier Weltmächte zu sein, eine merkwürdig abstrakte Vokabel. Sie wird nicht anschaulicher, wenn man das armselige Mauerwerk betrachtet, das sie markiert, und doch ist es so. Steht man am Potsdamer Platz, wo Fritz von Unruh 1932 in Gedanken Schafe weiden sah, springt es unvermittelt in die Augen: Von hier geht es über den Ural hinaus hin zum Ochotskischen Meer, geht es aber auch über den Atlantik hinweg bis zur pazifischen Küste. Das hier ist nicht nur Begegnungslinie zweier Militärblöcke, sondern zweier Ordnungs- und Rechtssysteme. Stadt ohne Geschichte mitten in der Geschichte.

Ist es das, was ihr ein Gewicht gibt, das ihr aus Eigenem gar nicht mehr zukommt? Man muß über sie hinwegsehen, um sie ganz in den Blick zu bekommen. Was lehrt schon der Anblick von Friedrichstraße und Tauentzien, Linden und Kurfürstendamm? Man kommt, um das Unsichtbare zu sehen, die Grenzscheide.

Seit zwei Jahrhunderten schon war die »russische Flut« der Alptraum der Deutschen gewesen, in Reden, Briefen, Tagebüchern vielfach belegt. Dann, gegen Ende des neunzehnten Jahrhunderts, war daraus die »russische Dampfwalze« geworden, Nachtmahr des Generalstabes. Das war lange vor der Herausforderung des Großreichs im Osten. Es hatte geschichtsfremder Abenteurer gebraucht, Deklassierter aus den Randzonen des deutschen Siedlungsgebietes vom Waldviertel bis zum Baltikum, um zwischen Schwarzem und Kaspischem Meer germanisches Bauernland zu suchen, nie wären Preußen oder Berliner darauf gekommen.

Ist es dies, was man mehr erinnert als sieht, wenn man durch die Säulen des Brandenburger Tores blickt, kommen deshalb die Besucher? Um 1910 hatte Bethmann-Hollweg, Kanzler des machtvollen Wilhelminischen Reiches, müde abgewinkt, als der Verwalter seines Gutes zu Hohenfinow neue Linden pflanzen ließ, das lohne sich nicht mehr: »In ein paar Jahren stehen doch die Russen hier.«

Nun sind die Russen da.

Paris war immer schöner, Wien verfallssüchtiger, Rom erinnerungsträchtiger, London imperialer – überallhin fährt man des Sichtbaren wegen, will Colosseum, Hofburg und Louvre in Augenschein nehmen. Die Reise nach Berlin gilt einer imaginären Begegnung, weshalb denn die Aussichtstürme an der Mauer wichtiger sind als Gedächtniskirche und Schinkel-Pavillon. Da stehen die Besucher dann auf den Plattformen und schauen hinüber.

Drüben gibt es nichts zu sehen, leere Plätze, belanglose Fassaden, ein paar Passanten. Hat das größere Realität als Buckingham Palace und Quirinal? Die Faszination der Schauenden kommt rein aus der Vorstellung; nicht das Betrachtete mobilisiert die Empfindung, sondern das Wissen, daß von hier an alles anders ist. Unsinnig, daß man drüben Knobelsdorffs Oper zeigt und Schinkels Schauspielhaus, überflüssig, daß die Busse hier zum Schloß Charlottenburg fahren und nach Klein-Glienicke.

Hier geht es los – deshalb blickt man in die Leere,

von drüben und hüben, voller Sehnsucht oder voller Schrecken, gleichviel. Berlin ist der Stechlin-See, wo es sich regt, »wenn es weit draußen in der Welt zu grollen beginnt«. War dies nicht immer so – 1918, 1933 und 1945, als erst das Kaiserreich stürzte, dann die Republik, schließlich die Gewaltherrschaft, alle drei Male in Berlin? Ach ja, Fontane. War der Bürger, Potsdamerstraße 134 c, drei Treppen rechts, am Ende ein Seher? »Dann brodelt's nicht bloß und sprudelt und strudelt, dann steigt ein roter Hahn auf«, Vogel bevorstehender Veränderungen.

Der rote Hahn war da, wer kann ihn übersehen, wenn er durch die Stadt geht? Niemand kann sie mehr ernsthaft zu den schönen Plätzen des Landes zählen. Das Zeigen auf das kleine Charlottenburg und auf das ganz kleine Humboldt-Schlößchen hilft nicht viel, wo die anderen doch ihr Schönbrunn und Versailles haben. Selbst München betrachtet man nicht ohne Neid, schaut eifersüchtig auf Königsplatz, Ludwigstraße und Siegestor, wo man doch einst, an Schlüter, Knobelsdorff, Schinkel und Schadow denkend, lächelnd auf den Provinzial-Klassizismus Gärtners, Klenzes und Schwanthalers blickte, die reizende Stadt, die ein Isar-Athen sein wollte.

Hat München jetzt mehr Recht auf diesen Namen als Berlin auf den eines Spree-Athens? Was Schönheit anlangt, so ist jedenfalls die rührende Unbeholfenheit Münchens, das es zu nicht viel mehr als Feldherrnhalle, Bavaria und Maximilianeum gebracht hat, dem einst glanzvollen Berlin inzwischen weit über, drei Generationen von Parvenüs haben es gründlich zerstört.

Dreimal Gründerzeit und jedesmal geht es tiefer nach unten – erst Wilhelminische Großmannssucht, dann imperatorische Geste Emporgekommener, schließlich kommerzialisierte Vulgärmoderne. Die Tränen kommen einen an, wenn man durch das wüste Gemäuer fährt, das einmal Berlin war, hüben wie drüben. Hat jener Großfürst tatsächlich die Linden den »glänzendsten aller Prospekte« genannt? Wer, um Himmels willen, ist auf den Gedanken gekommen, den Kurfürstendamm über Champs-Élysées, Via Veneto, Rambla und Park Avenue zu stellen? Ist es wirklich so wenige Jahre her, daß Thomas Wolfe das meinte, als er während der Olympiade mit Ledig-Rowohlt durch das nächtliche Berlin zog? Vorbei und dahin.

Aber: der rote Hahn. Noch einmal ist es eine Zone verdichteterer Wirklichkeit, in die man sich begibt, wenn man Berlin betritt. Das liegt nicht nur an den paar Dutzend Divisionen, die drüben paradieren, sächsische Arbeiterköpfe unter sowjetischen Flachhelmen oder sibirischen Pelzmützen. Auch hat es nicht damit zu tun, daß dort eine archaische Glaubenslehre aus spätbürgerlicher Zeit exerziert wird, ungeliebt und ungeglaubt selbst von den eigenen Priestern, ein Hohn der Zwangsgemeinde. 750 Jahre ihrer Geschichte feiere die Stadt im Westen, aber nur 700 Jahren huldige man im Osten, spottet man jenseits des Brandenburger Tores. Fünfzig Jahre sei man ja zurückgefallen im Zeichen des Sozialismus.

1920, noch 1950 ging von dem großen Gegenentwurf zur bürgerlichen Welt eine düstere Faszination aus. Wer fuhr nicht alles hinüber, die Verheißung eines Millenniums in Augenschein zu nehmen, von André Gide bis zu Walter Benjamin? Am Wettbewerb für den »Palast der Sowjets« nahmen sie 1927 alle teil, Le Corbusier und Gropius, Perret und Mendelsohn; Kathedralen für den Kommunismus hatten sie im Auge.

Jetzt treten die Söhne und Enkel der Revolutionsgläubigen die Pilgerreise an, wenn im Kreml die Gegenreformation verkündet wird; auf andere Weise fasziniert kehren sie heim, weil sie Augenzeuge waren, wie die verachtete Demokratie beschworen wurde. Nein, der Schritt über die Grenze führt nicht mehr in das verheißene Land, niemand fährt mehr wie einst noch Ernst Bloch in den anderen Teil der Stadt wie des Landes, »um dabei zu sein, wenn der Sozialismus aufgebaut wird«. Das Gegenüber von Belegschaften und Kollektiven, Konzernen und Kombinaten lohnt für niemanden mehr die Reise nach Berlin, längst nicht mehr Vorbild und nicht einmal mehr Schreckbild ist das andere Deutschland. Die Alternative hat ausgespielt.

Die ihn beherrschen, sehen es nicht anders. Nicht mit sich selber wollen sie verführen, sondern mit dem Boden, auf dem sie stehen. Nichts Selbstgeschaffenes führen sie vor, wenn sie sich feiern, sondern Wartburg und Semper-Oper. Könnte man, wonach man wohl verlangt – mit den Fingern würde man die Königsschlösser von Potsdam und Berlin aus dem Sand kratzen.

Reist man vielleicht in die Doppelstadt, nicht um das ganz andere, sondern um das sehr Vertraute zu besichtigen? Wer fährt noch zu den Theatern an der Spree, um Brecht und Wolf zu sehen, Eisler und Dessau zu hören? Die »Salome« in Friedrichs Opernhaus und der »Freischütz« im Bau der sächsischen Könige, das ist alles, was von der proletarischen Kultur geblieben ist, zu der es einst Heym und Hermlin aus dem New Yorker Exil nach Ost-Berlin zog.

Die Besucher kommen, mehr als zuvor. Aber wollen sie noch die Zukunft in Augenschein nehmen oder die Vergangenheit? Ist Berlin der Platz, wo die Deutschen sich selbst begegnen?

Genau das ist es. Ja, es ist richtig, Berlin hat jene Funktionen eingebüßt, derentwegen man es hielt und die es überdauern ließen, keine Insel im roten Meer ist es noch und kein Schaufenster der freien Welt. Berlin ist der Punkt, von wo man aufbricht, das andere Land zu sehen, sonderbar fern und tief vertraut.

Man fährt nicht der Verwandten wegen, denn die familiären Beziehungen bröckeln ab im Lauf der Jahrzehnte. Die Generation der Eltern ist gestorben, die der Nichten und Neffen wenig bekannt. Die Verwandten sind der Anlaß, nicht der Grund der Reise. Dann sitzt man gerührt in Gaststätten, die man zu Hause meiden würde, denn der Plattensee-Wein ist süß, das Mischgemüse sämig und der Kuchen schmeckt nach Gummibärchen. Die Gespräche gehen verlegen hin und her, keine Seite spricht aus, was die andere kränken könnte. Verwundert stellt man fest, daß man sich einrichtete in der Freudlosigkeit, die sich wie Mehltau über das Land gelegt hat, daß man wohl auch Gutes zu finden sucht, um es gegen das Unerreichbare jenseits der Grenze zu stellen. Niemand kann über Jahrzehnte hinweg aus Widerspruch und Sehnsucht leben.

Beide Seiten, die sich den Grenzverkehr abhandeln, reden vom »Verwandtenbesuch«, wie ja auch nach Möglichkeit von »Familienzusammenführung« die Rede ist, wenn jemand in das andere Land hinübertreten will. Aber das ist eine weithergeholte Vokabel, dergleichen setzt nicht die Ströme in Bewegung, die von Jahr zu Jahr anschwellen, erst zu Luther nach Eisenach, dann zu Semper nach Dresden, schließlich zu Friedrich ins Neue Palais. Dreieinhalb Millionen waren es schon Anfang der achtziger Jahre, mehr als fünf Millionen werden es sein, wenn das Jahrzehnt zu Ende geht.

Hätte man Bismarcks Schönhausen nicht gesprengt und abgetragen, wären Altmark und Prignitz das nächste Ziel, das Stromland mit den gewaltigen romanischen und gotischen Backsteindomen zwischen Jerichow, Tangermünde und Havelberg, nahe dem Kattewinkel am Zusammenfluß von Havel und Elbe, dem Kolonistenland am alten Grenzfluß der Deutschen. Weiß noch jemand, daß auch dieser aus der Welt gekommene Platz in der Geschichte ist, nicht nur, weil Kaiser Otto der Große, König der Langobarden und römischer Kaiser, ihn 946 zum Bischofssitz erhob? Hier in Havelberg trafen sich 1716 Friedrich Wilhelm I. und Peter der Große für ein paar Tage, die europäische Lage besprechend. Übrigens war Havelberg damals ein großer Ort im Vergleich zu der Festung auf der Insel Sajatsche, die ja gerade erst zu St. Petersburg ausgebaut wurde. Verwundert wird der Zar nicht gewesen sein, an so geringem Platz empfangen zu werden.

Die Elbe – wie oft ist sie nicht Schicksalsfluß gewesen, lange vor der Begegnung von Torgau. Otto der Große, Karl IV., Peter der Zar. Erst endete hier das Reich der Karolinger, dann das der Welfen, das der Staufer zerschlug. Seit langem ist hier jeder Ort mit großen Namen verbunden, von Albrecht dem Bären über Norbert von Xanten bis zu Heinrich dem Löwen.

Von hier an beginnt eine neue Welt, nicht nur das Ostelbien der Junker. Setzt man über den Strom, nimmt das Auge sogleich wahr, daß man sich nun auf modernem Boden befindet, die Ebene der großen Ströme beginnt.

Aber auch das Gebaute nimmt andere Gestalt an,

und das hat nicht mit der Kunstgeschichte zu tun. Der Schritt von der Romanik zur Gotik wird im Westen und Süden früher getan, darum geht es nicht. Anderes zählt, prägt das Land von hier bis nach Riga, wo Bremens Domherr Albert gleich Bischof wird und Fürst von Livland. Der karge Boden im Osten gibt keine Steine her, man muß sie sich selber formen aus Sand und Lehm, um die gewaltigen Dome gegen die heidnische Welt aufzurichten. Es ist der Backstein, der Deutschland in zwei verschiedene Bereiche teilt; von der Elbe an behilft man sich mit einem Stoff, den der Wille sich gebildet hat. Der geistige Baustoff triumphiert über den natürlichen, der aus dem Fels gebrochen wird. Farbige Wirkungen, weißer Bewurf auf rotem Ziegel, kommen für die filigrane Gliederung auf, die aus dem Sandstein geschnitzt werden kann.

Natürlich, auch zwischen Rhein und Elbe ist Neuland, von Merowingern und Karolingern dem Unbekannten abgerungen. Jetzt aber beginnt wirklich der Osten, kein Weinland mehr an den Hängen von Rhein, Mosel und Lahn; nun fließen die Ströme breit und gemächlich durch die weiten Ebenen; die überschwemmten Niederungen von Elbe, Oder und Weichsel sind mitunter kaum auseinanderzuhalten.

Keine Flüsse mit Stromschnellen, reißenden Bergdurchbrüchen, steil aufsteigenden Abhängen, die zum Weinbau taugen. Das Wasser lagert sich breit in die Ebene, Sandbänke, nicht felsige Untiefen verlangen den Schiffern Aufmerksamkeit ab.

An den Elbwiesen

Blick auf den Teupitzer See

Grabstein für den letzten Ziethen

Die Feuchtigkeit breitet sich über die oft genug überschwemmten Wiesen aus, milchig steht das Licht über der Ebene. Wie mit dem Silberstift gezeichnet verschwimmen Baumgruppen gegen den Glast des Himmels. Weites Land, östliches Land.

Erinnerungen, Ahnungen, an Weggabelungen und Ortsschildern steigen sie auf. Jeder Schritt durch das andere Deutschland ruft Gedanken herauf, die in die Ferne gehen, die räumliche und zeitliche.

Das vergessene Land, das verachtete Agrarierland, Kolonialboden der Zisterzienser und Prämonstratenser, Arbeitsfeld von Ordensrittern und Hansekaufleuten, bringt sich wieder in Erinnerung, so kurz ist das Gedächtnis der Nationen nicht, daß ganze geistige Provinzen aus seinem Bewußtsein kommen.

Also, man tritt über die Grenze, die der Stadt wie die des Landes. Alles ist mit Melancholie verbunden, Unlust liegt über dem Land, das einem fremd geworden ist, selbst wo man es wiedererkennt. Das liegt nicht an den ausgefahrenen Straßen, die einen sogar für sich einnehmen, weil man so einst, an Sommerwegen vorbei, von Ettersburg nach Tiefurt radelte, die Straße nach Thüringer Art von Obstbäumen gesäumt.

Der Putz bröckelt, das rohe Holz kommt aus den Fensterkreuzen, sind es vier oder vierzig Jahre, daß die Waffen schwiegen? Aber der Anblick bleibt einem erspart, wie man das eigene Land zerstörte mit vielbahnigen Betonstraßen zwischen stillen Marktflecken und dem Wohlstandsgehabe von Kaufhäusern, Banken und Rathäusern zwischen Saarlouis und Iserlohn. Was schert es, daß es sich im Inter-Restaurant bei der Lasagne um Makkaroni handelt, die in einer wäßrigen Soße schwimmen? Kein Koch ist ja je im Süden gewesen und hat so fremdartige Dinge wie Cannelloni und Tagliatelle in Augenschein genommen. Haben denn unsere Großmütter viel von *al dente* verstanden?

Und doch ist es nicht das Land der Vorfahren, das man durchwandert. Das Stück ist geblieben, die Besetzung hat gewechselt. Wo sind die Honoratioren, die einst am Marktplatz ihren Stammtisch hatten, Tierarzt, Pfarrer und Notar? In der alten Hansestadt Wolgast, jetzt hart an der Grenze zu Polen, traf man sich unten in den barocken Straßen zum Hafen; ärmlich war alles, ein Krämerladen mit einem Hinterstübchen, dort trank man das Bier und den Aquavit von jenseits des Meeres.

Man soll sich die Vergangenheit auch nicht vergolden, so weit her war es nicht mit der Professorenherrlichkeit von Greifswald und Jena, keine Barockmöbel gab es, keine kolorierten Stiche in den Studentenkneipen; Pappdeckel, bierselige Reime in Holz geschnitzt und Reklamekalender, das war alles.

Aber selbst das banale Glück sucht man vergebens, der Mißmut streicht durch die staatlichen Gaststätten, wo der Kellner mürrisch im leeren Lokal die Gäste an zwei verschiedenen Tischen plaziert, weil kein Stuhl vom Nachbarplatz herangeholt werden darf. Sinnlos das alles, was hat der Sozialismus gegen den Frohsinn? Die Lieblosigkeit liegt so lähmend über der Atmosphäre wie die Vornehmheit über den Valuta-Hotels, die aus fernen Gegenden über das Land gefallen zu sein scheinen, die Nelken in der Kristallvase und der Kellner im Frack, der den Krautsalat aus einer bulgarischen Dose serviert.

Fern das alles. Das Weltniveau in den japanischen oder skandinavischen Hotels nahe Pöppelmanns Zwinger und Raschdorffs Dom ist so unbegreiflich wie der Stil von »Delikat«- und »Exquisit«-Läden, Benennungen aus dem parodistischen Vokabular. Abends, wenn sich der Schlagbaum bei der Heimfahrt hebt, kehrt man in doppeltem Sinn heim, hat so deutlich die Empfindung des Zu-Hause-Seins, als wäre man in einem unbekannten Land gewesen.

Schuldbewußt fühlt man sich, weil man so froh ist, wieder im Vertrauten zu sein; so geht es einem doch nicht, wenn man aus Mailand, New York oder Amsterdam zurückkehrt. Ist das eigene Land vielleicht schon mehr ein Teil der atlantischen Weltzivilisation als jenes versunkenen Bodens, der einmal Deutschland war?

Aber welches Verlangen treibt dann die Ströme, die es nach drüben zieht? Die Menge, die nicht mehr viel von Gott weiß, drängt zur Wartburg. Lutherische Frömmigkeit ist es gewiß nicht, und was das Bauwerk anlangt, so ist der Dom Karls des Großen in Aachen der Burg der Landgrafen Ludwig und Hermann weit über. Da hätte Bamberg mehr zu bieten als der fast unkenntlich gewordene Bergsitz Ludwigs des Springers.

Und Pöppelmanns Zwinger, was macht die Leute kommen, die es doch zu Balthasar Neumanns schwingender Halle aus der Benediktiner-Abtei Heilig Kreuz in Neresheim kaum jemals zieht, dem Gipfel barocker Raumphantasie? Kein Zweifel kann sein, wie weit Würzburgs Neumann über Dresdens Pöppelmann steht.

Und wie steht es mit dem anderen Ziel? Fährt die Kette der Busse zu Sempers Opernhaus der Architektur, der Musik oder ganz anderer Empfindungen wegen, die mit Wiederbegegnung zu tun haben? Der gemächlich fließende Strom unter Brühls Terrasse, die kleine Ilm an Goethes Gartenhaus im Park neben des Herzogs Schloß, dann der schmale Fluß, den Schiller so liebte und Jean Paul:

»Jena vor uns im lieblichen Tale«,
schrieb meine Mutter von einer Tour
auf einer Karte vom Ufer der Saale,
sie war in Kösen im Sommer zur Kur;
nun längst vergessen, erloschen die Ahne,
selbst ihre Handschrift, Graphologie,
Jahre des Werdens, Jahre der Wahne,
nur diese Worte vergesse ich nie.

Es war kein berühmtes Bild, keine Klasse,
für lieblich sah man wenig blühn,
schlechtes Papier, keine holzfreie Masse,
auch waren die Berge nicht rebengrün,
doch kam man vom Lande, von kleinen Hütten,
so waren die Täler wohl lieblich und schön,
man brauchte nicht Farbdruck, man brauchte
                                     nicht Bütten,
man glaubte, auch andere würden es sehen.

Es war wohl ein Wort von hoher Warte,
ein Ausruf hatte die Hand geführt,
sie bat bei den Kellnern um eine Karte,
so hatte die Landschaft sie berührt,
und doch – wie oben – erloschen die Ahne
und das gilt allen und auch für den,
die – Jahre des Werdens, Jahre der Wahne –
heute die Stadt im Tale sehn.

Und sie sehen es, fühlen es mehr, als daß sie es sehen, das Bennsche Gefühl. Deshalb brechen sie auf
und fahren nach drüben, jedes Jahr ein paar Hun-
derttausend mehr. Was spielt der Broiler für eine
Rolle oder die Soljanka, die es bei strenger Tischzu-
weisung für genau fünfundvierzig Minuten gibt,
denn danach muß der Tisch geräumt werden? Es
sind ja das alte Brathähnchen und die Kohlsuppe,
auch sie tief vertraut aus Zeiten, da die Ananas
noch nicht auf dem Steak lag und keine Hummer-
krabben im Wurzelsud der Seezunge schwammen.

Die verdienten Bäuerinnen Rumäniens, die drüben im reservierten »Elephanten« die Tische im aus Jugendtagen dunkel erinnerten Speisesaal besetzen, sieht man ganz ohne Abneigung.

Auch auf die paar Dutzend sowjetischer Soldaten hat man kaum geachtet, die den Weg zum Sommerschlößchen der Herzogin Anna Amalie zogen, wo wohl eine Kaserne liegt oder ein Schießplatz, wer weiß. In sonderbarem Gänsemarsch waren sie die Straße entlang getrottet, von Offizieren mehr eskortiert als geführt.

Sehr kriegerisch hatten sie nicht ausgesehen und schon gar nicht furchteinflößend, halbe Kinder, die es von irgendwoher aus dem gewaltigen Imperium hier nach Weimar verschlagen hatte, wo einst Großfürsten ehrfürchtig am Frauenplan Aufwartung machten. Wieviel lieber wären sie zu Hause in Kasachstan oder in Alma Ata oder vielleicht auch in Lemberg, das jetzt Lwow heißt. Gerufen hat man sie nicht, aber aus freien Stücken sind sie auch nicht hier, das alles hat mit der Zeit zu tun, als man hier in Weimar ein gewaltiges Gauforum plante.

Aus Erinnerungen und Gedanken steigt die Vergangenheit auf, die gemeinsam ist, auch wohl denen, die hier so anders leben und sich an den Abhängen des Ettersberges Schreberhäuschen bauen, die sie Datschen nennen. Man kam, weil man Goethes Schlangensäule sehen wollte oder Schillers Schreibtisch. Haben wirklich faulende Äpfel darin gelegen, um die Erfindungskraft wunderlich zu beflügeln? Aber der Besuch gibt nicht viel her, so wenig wie der in Fontainebleau und Malmaison, wo man Marie Antoinette und Josephine besuchte. Die Vorstellung weiß es immer besser als die Wirklichkeit.

Ganz anderes drängt nach oben, kommt aus versunkenen Schichten. Dies ist gemeinsames Land; wer sagt, daß beide Teile schon nichts mehr miteinander zu tun haben, sich fremd geworden sind, sprachlose Verwandtschaft? Thüringen soll uns plötzlich nicht mehr gehören, wo es doch dem Gefühl so nah ist wie jene anderen Landschaften im Südosten und im Südwesten? Alles doch deutsche Herzländer, immer wieder Klassik, im zwölften wie im achtzehnten Jahrhundert. Was unterschied den Hof der Babenberger in Wien von dem Hermanns auf der Wartburg, was das Tübinger Stift von jenem Jena, wo Fichte lehrte, bis er Rektor in Berlin wurde, dort Unter den Linden?

Es war nur aus dem Gedächtnis gekommen, jetzt zeigt es der Augenschein den Besuchern: Es gibt Gemeinsamkeiten, die von der Zeit nur vorübergehend zugedeckt werden. Dann reden die Realisten davon, daß die Scheidung endgültig ist, obwohl sie doch in der Geschichte der Völker nur einen Lidschlag dauert. Nur eine kurze Strecke Zeit noch, und ununterscheidbar stehen Rostock und Stralsund neben Lübeck und Bremen. Mächtig zieht dann auf einmal die Geschichte herauf und nimmt Besitz vom Bewußtsein.

Kratzt nur am Sowjetmenschen, hatte Pasternak, ein altes Wort abwandelnd, gesagt, schon kommt ein Russe zum Vorschein. Wenige Tage schon genügen im anderen Land, um dem Reisenden vor Augen zu führen, daß es hier dasselbe ist. Nicht die Verwandten, die Fremden sind dem Gast mit einem Mal gut bekannt, was für ein Unfug war es, daß man sich inzwischen in Carcassonne mehr daheim fühlte als in Quedlinburg. Die dergleichen herausfordernd sagen, sind nur an beiden Plätzen gleich wenig zu Hause. Fährt man aus Ballenstedt, dem Stammsitz der Askanier, herüber zum ottonischen Goslar, so springt es in die Augen, daß Ostharz und Westharz einander näher sind als Dithmarschen und Baden.

Dies über die Jahrzehnte hinweg in Erinnerung gehalten zu haben, war vielleicht die eigentliche Aufgabe Berlins, viel mehr als die eines Bollwerks. Kein trojanisches Pferd war die Stadt, gefährliche Gedanken einschmuggelnd in das so benachteiligte Land, dem man seine Geschichte austreiben wollte, als man drüben von Junkern und Pfaffen redete und deshalb Denkmäler stürzte, Schlösser sprengte, Kirchen niederriß. Es war ganz einfach der Pfahl im Fleische *beider* Teilländer.

Hätte es die Doppelstadt nicht gegeben, vielleicht wäre wirklich der Osten der Osten geworden und der Westen der Westen. Aber die Stadt bewahrte ganz gegen den eigenen Willen, denn nur allzuoft hätte sie sich gern über Nacht in der Lüneburger Heide wiedergefunden, das Gefühl der Gemeinsamkeit.

Kann es sein, daß Berlin viel wichtiger ist, als es weiß? Wollte man die Dinge auf die Spitze treiben, so könnte man sagen, daß es vielleicht nun zum ersten Mal wirklich eine nationale Rolle spielt, um das große Wort zu gebrauchen, das sich so heikel aussprechen läßt. Wer hier lebte, wußte immer, daß das Elbsandstein-Gebirge näher liegt als der Loreley-Felsen, daß der Bodden in Vorpommern den Eltern vertrauter war als das Schwäbische Meer. Nun sehen es auch die Reisenden, die von drüben kommen, wobei man in Berlin nie weiß, welche Himmelsrichtung gemeint ist, wenn man von »drüben« spricht. Noch fährt man von Berlin aus ja »in den Westen« oder »in den Osten«, niemand reist in die Bundesrepublik Deutschland oder in die Deutsche Demokratische Republik, Terminologie des Rechts und nicht der Empfindung.

Eine verwirrende Stadt, dieses Berlin – eben noch Kasernenhof im Ackerland, dann das Juwel des Klassizismus, schließlich Metropole der Modernität; dann wieder Provinz. Sonderbare Stadt, die sich aus so vielen Quellen speiste und nun so viel zusammenhalten muß, Erzgebirge und Eifel, Rügen und Mainau. Wem verdankte sie sich nicht, von überall her bezog sie doch ihren Elan – die reformatorische Energie der Niederlande und jene rabbinische Spiritualität Galiziens, der Berlin nicht sein Bestes verdankte, aber daß das Beste zum Zuge kam.

Die Stadt, ausgespannt zwischen Paris und St. Petersburg, was Namen sind, die mit Berlins Geschichte und Schicksal zu tun haben, war gewiß nicht Mitte Europas, auch wenn das geographisch eine gewisse Richtigkeit hat, faßt man Riga und Brügge ins Auge oder auch nur Budapest und Kopenhagen. In Wirklichkeit lag die Mitte im Westen und Süden, St. Denis und Pavia waren nicht nur früher da, sondern auch mehr als Kolberg oder Schneidemühl. Und dennoch schnitten sich hier in Berlin die Dinge, Kant und Voltaire oder auch Tolstoi und Ibsen. Von überall her bezog man Ideen und wohl auch Flüchtlinge.

Erst kamen die Hugenotten, dann die Refugiés, schließlich die Emigranten, aus Petrograd und Moskau. In den zwanziger Jahren sind sie alle hier, Alexei Tolstoi und Wladimir Nabokow, Leonid Pasternak und Ilja Ehrenburg, von Bunin und Chagall zu schweigen, der sich aus der Meinekestraße, zwei Häuser vom Kurfürstendamm, seine zweite Frau holte.

Durchmustert nur den Lehrkörper der alten Friedrich Wilhelms-Universität, und ihr werdet sehen, daß Berlin sich mit ein wenig Recht tatsächlich eine europäische Stadt nennen darf. Wer kam nicht alles aus dem fernsten Osten und dem weitesten Westen, Dorpat und Straßburg? So schlimm ist es mit Berlin nicht bestellt, daß es die Augen niederschlagen muß, wenn man es vor großen Perspektiven sieht.

Aber inzwischen: Die Juden vertrieben, der Adel geflohen, das Bürgertum verweht. Ist es am Ende auch in Berlin so, daß das Stück blieb, aber das Personal wechselte?

Zwei Dutzend märkischer Junker und zweitausend Berliner Juden – vielleicht sähe dann alles anders aus. Denkt man über die Stadt nach, kommt man immer wieder zu dem Punkt: Ach, wären doch die Arnims da und die Mendelssohns, die Savignys und die Oppenheims, oder der Kommerzienrat Arnold vom Wannsee, der nicht nur mit Tuaillon und Liebermann befreundet war, sondern auch der gute Geist der Nationalgalerie.

Aber auch in dieser Hinsicht: vorbei und dahin. Nun muß man sich behelfen.

Liebt man diese Stadt? So toll treibt man es nun auch nicht, hätte Fontane gesagt. So ungefähr redete er, als man ihn nach den »Wanderungen durch die Mark« zu einem Verehrer Brandenburgs erklärte. Daß Toscana, Provence und sogar Schottland etwas anderes waren, wußte er.

MAN GEHT DURCH DIE STADT, DIE DER PLATZ DER Kindheit war. Nach Potsdam fuhr man stets am zweiten Weihnachtstag zum Bruder der Großmutter, das Haus von Gontard, nicht weit vom Nauener Tor. Das Haus der Großmutter selber stand in Berlin-Lichterfelde nahe der Kadettenanstalt, dem Bau mit dem Erzengel Michael auf der Kuppel, dem alljährlich trotz strengster Strafandrohung von den Fünfzehnjährigen ein Nachthemd angezogen wurde:

Kadett allein,
zierlich und fein.
Kadett en gros,
flapsig und roh.

Wie viele solcher Geschichten wurden nicht im großelterlichen Haus erzählt, als die Gespräche noch unterhaltlich sein mußten, wie Fontane anmerkte. Die Vergangenheit lebte, weil es Geschichten gab, die weitererzählt wurden, über die Generationen hinweg. Die Erzählung vom alten Schadow, dem der König zum Siebzigsten höchstpersönlich den Adler-Orden nach Hause brachte, den Roten natürlich, wie er fürs Bürgertum vorgesehen war, für Künstler und Gelehrte. Als der König gegangen war, legte der Alte den Adler oben auf dem Regal ab und sagte vor sich hin: Da lieg' und wart', bis daß Du schwarz wirst.

War es bei dieser Gelegenheit, daß dem König das Mißgeschick geschah, ein Glas umzustoßen, so daß der rote Wein über das Tischtuch lief? Der Monarch forderte den Hausherrn auf, ihm mit seiner Geistesgegenwart »aus der Genierlichkeit« zu helfen. »Jott, Majestät«, hatte Schadow da gesagt, »eben war's noch Portwein, jetzt ist's Tischwein.«

Gleich vertraut war einem der fernste Vorfahr wie der nächste Nachbar, nicht die zeitliche Distanz entschied über das Maß der Nähe, sondern die Unverwechselbarkeit der Erinnerung, die mit dem Verstreichen der Zeit immer anschaulicher wurde.

Manche Begebenheiten wurden in vielen Varianten erzählt, das Überlieferte löste sich von der Person, wurde allmählich zum Gespinst der alten Zeit, die ihren Geschmack hatte, ihren unverwechselbaren Tonfall.

Schon das Vokabular der versunkenen Zeiten. Weiß man noch, daß ein Regiment in einer Garnisonsstadt *stand*, aber im Ernstfall an der Front *lag*, bis es im Falle bedrohter Lage an einen Abschnitt *geworfen* wurde? Sprachliche Finessen, die einst selbst die Mädchen mit ihren Zöpfen und in ihren Matrosenkleidern beherrschten, inzwischen längst Hieroglyphen, schwer entzifferbar. Gibt man das Trinkgeld dem Burschen am ersten oder am letzten Tag nach einer Versetzung? Der Kommandeur, eine Lebensweisheit vermittelnd: Natürlich zum Abschied. Merken Sie sich, meine Herren, Hoffnung ist immer größer als Dankbarkeit.

In den Sandstein des Hauses in Lichterfelde-

West war in der Manier des späten neunzehnten Jahrhunderts »Villa Dorothea« eingemeißelt, ein wenig genierte sich der Enkel. Nach dem Kriege stand es noch, nur mäßig beschädigt. Dann wurde es abgerissen, machte einer so sonderbaren Sache wie einer Wohnanlage Platz. Das Haus in Potsdam ging im Flammensturm unter. Zweihundert Jahre war es, bescheidenes Bürgerhaus, eine Erinnerung an Friedrich, den Städtebauer. Dann brannte es in zwanzig Stunden nieder, Opfer einer Bombe, die in Pittsburg in zwanzig Minuten gefertigt worden war.

So ungefähr beschrieb der Fürst Tomasi di Lampedusa größere Verhältnisse, nämlich den Untergang des alten Familiensitzes in Palermo, als rein zur Vorsorge die Stadt bombardiert wurde, obwohl doch die Landung in Sizilien an ganz anderer Stelle erfolgte. Sonderbar, daß niemand in Deutschland einen »Leoparden« schrieb, wo doch so viele Geschlechter das Schicksal der Fürsten Lampedusa teilten, zwischen Masuren und Riesengebirge.

Man durchstreift die Stadt, vieles sucht man vergeblich, Häuser wie Menschen. Geht es einem nicht wie Fritz Kortner, der darauf bestand, zurückgekehrt, aber nicht nach Hause gekommen zu sein? Viel fehle, daß er sich heimisch fühle, das Haus Samy Fischers im Grunewald und der Salon Cassirers, der mit Tilla Durieux verheiratet war, bis die bekannte Tür ins Schloß fiel. Wie viele Türen sind nicht ins Schloß gefallen seitdem, vor allem jene, die der Mann hinter sich zuwarf, der in der Nacht des Triumphes angekündigt hatte, die Welt werde wanken, wenn er abtrete.

Aber die Stadt blieb, Löwe noch im Wüstensand, wie Gottfried Benn fand, als er während der Blockade über sie nachdachte. Vielleicht verhält es sich so, daß die Idee der Stadt immer über ihre Wirklichkeit triumphiert. Ist es auch hier so, daß die Vorstellung es besser weiß, als der Anblick lehrt?

Dies ist das Erstaunliche: daß der Mythos der Stadt über ihre Gegenwart siegt. Eben noch hat Rom den Weltkreis beherrscht, Grundstücksspekulanten türmen in der Millionenstadt die fünfgeschossigen Mietshäuser auf, die oft genug der Bauweise wegen zusammenstürzen. Jetzt zählt man nicht fünfzigtausend Bewohner, der Papst zieht über die verschneiten Alpenpässe nach Norden, um beim fränkischen König Hilfe gegen die Sarazenen zu erflehen. Aber sie bleibt, nein: sie wird erst die *Ewige Stadt*.

Sehr nachdenkenswert der Triumph der Städte über ihre Vergänglichkeit. Was weist ihnen immer neue Rollen zu, wenn sie ausgespielt zu haben scheinen? Alexandria, das mitsamt seiner Bibliothek verbrannte und zweitausend Jahre später Residenz des Khediven ist? Die Wunderwelt Bagdads, von dem nach dem Sturm Timurs nur rauchende Steine an die Stadt Harun al Raschids erinnerten? Und wie wurde aus dem griechischen Byzanz unmerklich Konstantinopel, die oströmische Kaiserstadt, an Glanz und wohl auch an Einwohnerzahl unter Kalifen und Sultanen noch zunehmend? Jetzt ist es Istanbul. Nichts als Untergänge und Auferstehungen.

So schnell schreibt sich die Geschichte nicht ab, wie Realpolitiker meinen. Städte zumindest leben von ihren Mythen noch mehr als von ihren Wirklichkeiten. Ihr Tod tritt erst ein, wenn ihr Mythos gestorben ist. Deshalb überlebte Athen, wo doch Karthago sterben mußte.

Es läßt sich sehr streiten, ob der Mythos Berlin in den knappen drei Jahren zwischen Eroberung und erneuter Einschließung nicht mehr im Bewußtsein der Welt bedeutete als auf dem Gipfel der Macht. Mit sonderlicher Sympathie hat das alte Mitteleuropa gewiß nie auf Berlin geblickt, nicht auf das der Kurfürsten, nicht auf das der Könige und schon gar nicht auf das der Kaiser. Die letzte Figur, die mit dem Namen der Stadt verbunden war, weckte nur noch Furcht, Schrecken und Haß. Jetzt zum ersten Mal sieht man aus Warschau, Prag und Budapest nicht ohne Wohlwollen auf die Inselstadt, der das eigene Schicksal erspart blieb. Gibt man sich im eben noch unterjochten Osten als Bewohner des westlichen Berlins zu erkennen, wird man von Haus zu Haus in Städten gereicht, wo doch eben noch die fremden Statthalter das verhaßte Idiom sprachen.

Es kann kein Zweifel sein: Berlin ist die wichtigste Stadt Deutschlands, mag es auch tausendmal schäbig sein und ein Kostgänger der glücklicheren Plätze an Rhein und Elbe, Main und Isar. Auch entbehrte sie ja immer des silbrigen Lichts der Île de France, das mehr als alle Ölfarben das eigentliche Arbeitsmaterial von Monet war und von Renoir. Berlin hatte nie jenen wäßrigen Schimmer, der Constable möglich machte und Turner, prosaischer Boden, Stadt der Bildhauer, nicht der Maler. Wer von Florenz kam oder auch nur von Dresden, vermißte hier stets viel. Und doch:

Ohne Duft und ohne Himmel,
Ohn' ein wirkliches Entzücken,
Wo wir uns, Vermummte, drücken,
Durch das niedrige Gewimmel –

Hochhinein die Wände,
Hundert Fenster leer –
Bruch der Gegenstände
Berstend um uns her.

Schüttelst du wie ein Verheißen
Zauber ins Revier;
In ein Frühjahr soll mich reißen
Jeder Hauch von dir.

Sterbe um mich immerzu
Alles ab, Getroste du,

Im Verhängnis allen Lichts
Du bist Leben, anders nichts.

»Februar in Berlin«. Kein Berliner schrieb das in einem Augenblick, da Berlin am schäbigsten war, im Revolutions- und Bürgerkriegswinter, gleich nach dem Weltkrieg. Aber aus den Elementen zusammengesetzt, die Berlin einst ausmachten, war der Autor schon – Preußentum, Judentum, Romsehnsucht. Rudolf Borchardt, geboren in Königsberg, jetzt russisch, als Flüchtling vor der letzten und miserabelsten Inkarnation des Reiches gestorben in Trins, jetzt italienisch.

Die Illusion hielt lange daran fest, daß Berlin für die Wiedervereinigung stehe, die des Landes wie die der Stadt. Daran ist nichts, war nie etwas. Nicht für die Einheit steht Berlin, sondern für die Gemeinsamkeit.

Deshalb lebt man hier, schaut nach drüben, geht durch fremde Straßen, wo die Ruinen mehr mit uns zu tun hatten, als was wir daraus gemacht haben. Was war die Empfindung vor Goethes Gartenhaus? Die Vorstellung weiß immer mehr als die Anschauung. Erinnerungen und Gedanken müssen einem zu Hilfe kommen, um Berlin ganz zu fühlen.

Auch in dieser Hinsicht gilt: Man muß über Berlin hinwegsehen, um es wirklich in den Blick zu bekommen.

Zweite Station
Im Staub Brandenburgs

DIE EIGENTLICH BEWEGENDEN REISEN SIND JENE, die in die Vorstellung oder in die Vergangenheit führen. Sind sie sehr weit voneinander? Keine Traumreisen sind es, träumerische Reisen.

Vor den freigelegten Spuren der Straßen und Plätze von Sybaris steigt plötzlich das Bewußtsein auf, daß dies die Stadt der Glücklichen war. Ist die Empfindung vor den Steildünen von Pommern so anders, wo man Kindheitswochen in den großen Ferien verbrachte? Nun ist nicht nur die Kindheit, auch Pommern ist verweht wie die griechische Stadt, über die ihre eifersüchtigen Nachbarn den Strom aus den Bergen Kalabriens leiteten, damit der Schwemmsand den Platz unkenntlich mache.

Dutzende oder Tausende von Jahren, gleichviel. Die vergangene Zeit, das versunkene Land.

ALSO POMMERN. DIE GROSSEN FERIEN IN PREROW oder Misdroy, wohin man fuhr, weil dort Freunde waren, in der Baltenschule, überklar stehen sie im Gedächtnis. Mit den Fischern auf dem Meer, Kutschfahrten in den Wäldern, Pilze sammeln.

In der Altmark

Blick auf Havelberg

Der romanische Dom von Havelberg

Die Havel am Zusammenfluß mit der Elbe

Mitunter ging es nach Heringsdorf, wo der Seesteg, die Kaiser-Wilhelm-Brücke, so weit hinausreichte ins Meer, daß vom Kurkonzert nur Fetzen durch die Brandung drangen. Der Steg war abends eine zweite Promenade, die Herren in weißen Hosen, die Damen mit Hüten. Weit draußen, am Kopf der Brücke, Buden, Fahnenmaste, Bänke, Anlegestufen für die Boote, die nach Ahlbeck oder Zinnowitz gingen, ein Ponte Vecchio in der Ostsee.

Hörte man, als man zehn oder zwölf war, den Reim, der in Büchern hier und da auftaucht?

Juden raus aus Zinnowitz,
Heringsdorf ist euer Sitz.

Tatsächlich hatte jedes Seebad seine soziale Topographie, in Swinemünde verkehrte ein anderes Publikum als in Bansin. Misdroy war eher die Sommerfrische von Beamten und Offizieren, Heringsdorf das Bad von Bankiers und Anwälten. In das eine fuhr man aus Lichterfelde oder Wilmersdorf, in das andere kam man vom Grunewald oder vom Wannsee. Heringsdorf war wohl dem Bürgertum zu elegant und auch zu teuer. War das der Gegensatz zwischen Kampen und Wenningstedt? Aber all das denkt man hinterher, damals spielten die geräucherten Aale und die kandierten Walnußstangen eine größere Rolle. Jedenfalls ist der Vers, ohnehin ein Wort der zwanziger, nicht der dreißiger Jahre, dem Rückschauenden nicht im Gedächtnis.

Auch war er wohl nicht bösartiger als jene andere Strophe:

Im Winter ist der Pommer
noch dümmer als im Sommer.

Erst im nachhinein nimmt alles eine andere Qualität an. Damals summte das Kindermädchen »Pommerland ist abgebrannt, Maikäfer flieg«; niemand dachte sich etwas dabei. Nun beide verweht, Juden und Pommern, was würde man geben, sie wiederzuhaben.

Unausdenkbar die Bescheidenheit. Nur wenn die Eltern im September noch einmal allein für eine Woche an die See fuhren, wohnten sie im Hotel »Seeblick«, wo der Portier 1943 zum Abschied sagte: »Nun kann es nicht mehr lange dauern, Herr Doktor. Wenn Sie das nächste Mal kommen, haben wir Frieden.« Es gab kein nächstes Mal mehr, Misdroy heißt jetzt Międzyzdroje.

War die Familie während der Schulferien in Prerow oder Misdroy, lebte man in einer Pension, die Holzveranda verglast. Mittags war man in den Zimmern, die bauschigen Vorhänge zugezogen: Die hochstehende Sonne, die selten genug wolkenlos schien, war ungesund. Die Kinder der Fischer, deren dunkelrote Segel das Meer belebten, kamen mit Blaubeeren, die nach Litern berechnet wurden, 15 Pf das Maß; das war das Mittagessen, wenn es nicht die Satte Milch mit Zucker gab, das Mädchen brockte sich Schwarzbrot darauf. Dunkel ist in Erinnerung, daß die Leute nach Mandel und Schock zählten, wenn sie Eier brachten.

Kaum noch zu rekonstruieren ist das Leben zwei, drei Generationen zurück. Als es noch möglich gewesen war, interessierte man sich nicht dafür, wie es aussah, wenn die Großeltern den Vetter Desiderius in Danzig besuchten, den Reeder, oder die Verwandten in Hirschberg, wo sie auf dem Rittergut Lomnwitz saßen, von dem sie mehr schlecht als recht lebten. Wurde man eigentlich vom Bahnhof in der Kutsche abgeholt? Vermutlich, denn wer hatte schon einen Wagen. Einen Braten gab es überall nur am Sonntag, den Sonntagsbraten; aber immer drei Gänge, Suppe, Hauptgericht, Nachspeise, meist Kompott, mitunter ein roter Flammeri, »gestürzt« aus einer Fischform.

Man wüßte gern mehr, aber nun lebt niemand mehr, den man fragen könnte. Die Bilder, die lang man vergessen geglaubt.

Nicht nur der Umsturz der Landkarte hat das alles ausgelöscht, selbst wo alles beim alten blieb, gleicht nichts mehr dem Früher, Zeitalter liegen zwischen der Kindheit und der Gegenwart. Wo sind die Knickerbocker geblieben, die Hauptmann beim Wandern und Thomas Mann beim Radeln trug? Der Vater zog Hosenklammern vor, damit die Aufschläge nicht in die Kette kamen.

Ach, Hosenklammern, Leibchen und Lochgummis mit Knöpfen, wo seid ihr geblieben? Versunken die Zeit der Buchstabennudeln, Béchamelkartoffeln und des Grießpuddings. Spielt man allmählich wieder Mikado, Domino und macht das Pflasterhüpfen Himmel, Hölle, Erde? Aber wo ist das Einkehrgasthaus und wo die Gartenwirtschaft? Nun hat man die Schnellraststätte.

Wie sah das Lebensgefühl aus, als man noch nicht in den Urlaub, sondern in die Sommerfrische fuhr? Die touristische Revolution hat soviel verändert wie die beiden Gewaltherrschaften, die sich gegenseitig umbringen wollten. Die Plätze von gestern sind verwaist, Scheveningen wie Bad Gastein. Jetzt fährt man in Regionen, die man früher nur aus Romanen kannte, denen von Joseph Conrad oder Captain Marryat, und aus den Expeditionsberichten von Nachtigal und Peters – durchglühte Küstenstriche, Bergplateaus weit über der Baumgrenze, tropische Gegenden, wo die Bücher schimmeln, die aber ohnehin niemand im Koffer hat im Zeitalter der Sonnenölkultur.

Damals reiste die Familie in die Berge oder an die See. Zum Abitur bekam die Schwester acht Tage in Abbazia geschenkt, als die Weltausstellung kam, fuhren die Eltern nach Paris, was schwierig war, der Devisenbewirtschaftung, nicht geschlossener Grenzen wegen. Das waren lange beredete Ereignisse, sonst gab es nur Königssee und Ostsee. Sehr selten ging es in die Umgebung Berlins, die man nicht Mark nannte, obwohl man in der Schule lernt: Märkische Heide, märkischer Sand. Aber Mark war ja Bauern und Adel, und das waren andere Welten. Außerdem: Wer sah in der Welt zwischen Parchim und Schwiebus schon eine Ideallandschaft?

SIEHT MAN NICHT MIT DEM GEFÜHLSBELADENEN Blick von heute, sondern mit den nüchternen Augen von gestern auf die Wirklichkeit, so wird deutlich, daß man nicht ernsthaft sagen kann, die Mark sei den Deutschen die Landschaft der Seele gewesen, wie doch jedes Land sie hat. Für Frankreich gibt es keinen Zweifel; das war über Burgund hinaus die Île de France, Inbegriff von »la douce France« noch für die Impressionisten. In Italien stellte niemand die Frage; für den Sizilianer bedeutete ja Umbrien nie viel, und keiner sehnte sich aus Piemont nach Apulien. Es ist der Fremde, dem die Toskana ein aufs höchste gesteigertes Italien ist, kein Römer oder Neapolitaner hat so empfunden. In Großbritannien war wohl mehr noch als in Wiltshire England in der hügeligen Landschaft von Kent und Sussex am englischsten, auch für die eigenen Bewohner.

Das alte Deutschland vereinigte größere Gegensätze als das übrige Europa, masurische Wälder und Schneekoppe, bayerisches Hochgebirge und Frisches Haff, Loreley-Felsen und Dom-Insel im Pregel. Auf seinen Begriff aber kam das Land wohl doch in der Mitte, in der Caspar-David-Friedrich-Welt. Mehr noch als Schwaben und Franken ist Thüringen deutsches Herzland, Sängerstreit auf der Wartburg und Musenhof der Herzoginmutter, sechshundert Jahre dazwischen.

Brandenburg dagegen war etwas für die Brandenburger, die Mark nur den Berlinern ein Arkadien. Aber es ist nicht in Erinnerung, daß die Familie wirklich an die Oder oder an die Elbe fuhr, wo doch die Mark ganz märkisch war, Neuhardenberg hier und Schönhausen dort. Die Mark war ja nie Reiseland, vorgestern nicht und heute nicht, der Stacheldraht hat da nicht viel geändert.

Schon die Zahl der Betten in den alten Gasthöfen, Hospize und Waldschenken mitgerechnet, macht offenbar, daß niemand dieses Land mit der Schweiz verwechselt hat oder auch nur mit Österreich. Ein Vierwaldstätter See war der Kalksee nicht gerade, auch wenn da, an der Rüdersdorfer Schleuse, Fontane mehr als einmal vor der schlechten Luft des Landwehrkanals Zuflucht suchte, schon weil das Geld für Biarritz oder Rapallo nicht reichte. Wäre jemand auf den Gedanken gekommen, etwa aus München zum Rheinsberger See zu reisen, nur weil da der junge Friedrich mit Gondelfahrten zu Flötenspiel seine watteauschen Träume in die Wirklichkeit geholt hatte?

Unverachtet, aber unbeachtet war die Mark; sie mußte aus der Geschichte kommen, um in das Gemüt einzuziehen. Nun steht sie für viel Untergegangenes, nicht nur für sich selber. Was östlich von ihr lag und südlich, Ostpreußen und Schlesien, ist nur mit Mühe noch zu bereisen, wenn überhaupt. Formalitäten beim Grenzübertritt, Hotelbesorgungen Wochen vor dem Aufbruch. Man muß Transitpapiere haben, fährt man durch das andere Deutschland in die versunkene, jetzt polnische oder tschechische Welt. Ist man angekommen, findet man sich nicht zurecht, weil niemand die Ortsschilder lesen kann, denn nun heißt ja Hirschberg Jelenia Góra und Allenstein Olsztyn. Königsberg aber ist Kaliningrad, doch da kann ohnehin niemand hin, sowjetisches Sperrgebiet: der eisfreie Kriegshafen, den Rußland so lange haben wollte, eigentlich wohl immer.

Aber Brandenburg ist noch da, auch wenn es jetzt diesen Namen nicht mehr trägt, wie ja auch Sachsen nicht mehr Sachsen ist und Mecklenburg nicht mehr Mecklenburg. Das war schon zuviel Erinnerung an Vergangenheit, und so schaffte man die Länder ab und machte Bezirke daraus nach sowjetischem Vorbild. Aber das Land ist da mit den alten Städten zwischen Stendal und Fürstenwalde, wenn auch niemand mehr weiß, daß hier 1373 Markgraf Otto der Faule, der Wittelsbacher Herr Brandenburgs, aus ständiger Geldverlegenheit die ganze Mark an Karl IV. verkaufte, den böhmischen König in Prag, der deutscher Kaiser war.

Selbst die Reiseführer des anderen Staates, gleich

Märkischer See bei Wusterwitz

Am Rheinsberger See

Schloß Rheinsberg

Denkmal für die Schlacht von Fehrbellin

geschichtslos wie die unseren, haben keine Ahnung mehr, daß Fürstenwalde im fünfzehnten und sechzehnten Jahrhundert eines der geistigen Zentren des Landes war, weil die Bischöfe von Fürstenwalde die gelehrten Berater der Kurfürsten waren. Sogar Universität ist der Flecken, der jetzt nahe der östlichen Staatsgrenze liegt, einmal gewesen, wie Helmstedt gleich jenseits der westlichen Staatsgrenze auch. Das aber lag an der Pest, die in den großen Städten wütete.

Geschichte, wohin man tritt, und gar nicht so geringe. Es lohnte schon, die Mark auch heute noch zu durchwandern, auch wenn die Zwanzigjährigen aus dem glücklicheren Teil des Landes in Siena mehr zu Hause sind als in Potsdam und mit Aix-en Provence vertrauter als mit Rheinsberg. Soll man es ihnen verdenken?

Für alte Knöppe, wie Fontane sagt, gehört sich das aber nicht, und man fährt in das Land der Herkunft.

So geht es dann also in das alte Brandenburg, weißer Sand, glitzernde Wasser, rote Kiefernstämme. Niemand hat es beachtet, als es noch Brandenburg war, die Streusandbüchse des Römischen Reiches. Preußen mußte es werden, damit Faszination von ihm ausging, zum Guten oder zum Bösen. Aber Preußen war der König, war die Armee, war die Beamtenschaft und dann natürlich die Idee, die alles zusammenhielt. Das Territorium selber war ziemlich unergiebig, nicht nur in ästhetischer, sondern auch in ökonomischer Hinsicht; Rüben, Gerste und Roggen, das war alles.

Fontane mußte kommen, diesen Boden ans Licht zu ziehen, das der Geschichte und das des Gefühls. Plötzlich, kurz bevor alles zu Ende ging, war das Land durch ihn wieder, auch im Sprachgebrauch, was es gewesen war, bevor es Preußen wurde: die Mark. Immer sind es die Dichter, die eine Welt für die Seele schaffen, Hellas, Rom oder Mark.

Rein schönheitlich ist es nicht soweit her mit der Mark, man muß hier zu Hause sein, daß sich einem das Herz weitet beim Anblick der Birkenwälder und Föhrenhügel zum Spreewald hinunter oder zur Schorfheide hinauf, wo erst die Hohenzollern ihren Jagdsitz hatten, dann der Reichsmarschall und nun die Staatsratsvorsitzenden. Unscheinbar die paar Dutzend Häuser von Ribbeck, für das einen bei Lichte besehen vor allem der Birnbaum einnimmt, der hier im Havelland stand.

Keine Geranien wachsen die Hauswände hinunter, Flaschen umrahmen die Beete, auf denen nicht viel blüht. Aber selbst auf dem Schloß des Dubslav säumten ja leere Glaszylinder die Auffahrt und erinnerten den Alten an die Gefährlichkeit des heraufziehenden Zeitalters der Chemie.

Eingeschossige Häuser, mehr Katen als Bauernhöfe, staubige oder morastige Straßen, die Nebengebäude oft genug mit Wellblech oder Teerpappe gedeckt. Mit dem Dorfanger hat es nicht viel auf sich, Schwäne wie in Schleswig-Holstein schwimmen nicht gerade auf dem Teich. Pauvre war alles, selbst die Gutshäuser, wenn es nicht die Sitze der großen märkischen Familien waren, von denen diese und jene ja auch in europäische Verhältnisse ragten. Die meisten aber waren weit davon entfernt, Schlösser zu sein, auch wenn sie von den Leuten natürlich so genannt wurden. Drei gute Ernten, damit man die Scheune decken lassen kann, sagten die Standesgenossen zwischen dem Fränkischen und dem Westfälischen über das Land zwischen Spree und Oder, da sie doch selber auf wirklichen Schlössern und in Wasserburgen saßen.

In die Mark zu heiraten, hieß nicht gerade Karriere machen, die Dohnas wären nie auf den Gedanken gekommen und die Donnersmarcks schon gar nicht; da verschwägerten sich die Dönhoffs doch lieber mit dem polnischen Adel und die Finckensteins mit dem baltischen. Bei den Stackelbergs und den von der Osten-Sackens herrschten andere Verhältnisse, als sie zwischen Barnim und Fläming zu Hause waren, wo eigentlich alles klatrig war, vor allem die Schulhäuser.

Was für ein Mißverständnis, daß die neuen Machthaber das alles abrissen. Zu Hunderten fielen die Herrenhäuser der Marwitzens an der Oder und die der Bismarcks an der Elbe, die alten Gemäuer von Friedersdorf und Schönhausen.

Zwingburgen der Junker – ach, wie sah die Welt

für jene aus, die so von den Landsitzen in der Mark sprachen. Oft genug waren sie baufällig und nur mit Mühe halbwegs instand gehalten; Elbchaussee-Villen glichen sie nicht gerade. Wenn der Efeu stirbt, stürzen die Mauern, spottete der alte Zastrow über das eigene Haus. Keiner von denen, die hier die Macht ergriffen, stammte von hier, kannte das Land, hatte jemals Rüben verzogen oder Disteln gestochen. Großstadtwerk war die Bauernbefreiung, vor der die Bauern zu Hunderttausenden über die Grenze gingen.

Fährt man wirklich noch durch das alte Land, wenn man den Weg von Prenzlau nach Neuruppin nimmt oder den von Fürstenwalde nach Treuenbrietzen? Die Reisenden, die aus dem fernen Westen kommen, meinen mitunter, so sei es wohl in der Mark immer gewesen, weniges habe sich verändert, lasse man das fremde System beiseite, das dem Land auferlegt worden ist. Aber daran ist nichts, dies ist jetzt eine andere Welt, durch die man fährt. Es ist ja nicht einmal der Flickenteppich der Felder geblieben mit dem Weidengestrüpp und den Haselnußhecken, die die Gemarkungen markierten; mitunter waren es nur Pflugfurchen, die die Äcker trennten.

Jetzt ist alles Agrarwirtschaft auf ehemaligem Bauernland, die Felderwirtschaft abgelöst durch Produktionskombinate, sozialistisches Bauernlegen, das aber der Ideologie folgt, nicht der Ökonomie. Selbst die unschuldigen Kühe geben nun weniger Milch als diesseits der Barriere, jedes Handbuch nennt die Zahlen für die Minderproduktion auf kollektiviertem Boden.

Wandert man über den Boden, der einmal die Grafschaft Ruppin oder das Ländchen Friesack hieß, so sieht man gegen den weiten Himmel noch die einsamen Baumgruppen, vielhundertjährige Linden oder Buchen, durchlaubte Kronen, bemooste Wurzeln. Dann steigt die Erinnerung auf, daß sich so Gutsland früher schon von weitem zu erkennen gab, kein Bauer hätte ja auf die Einnahmen aus dem Verkauf von ein paar Tausend Klaftern härtesten Holzes verzichtet. Nur wäßrige Stämme ließ man am Bachbett stehen, Weiden und Pappeln, die brachten ohnehin nicht viel.

Aber wo sind die Gutshäuser, die im Schatten der alten Riesen standen, denn noch das bescheidenste Haus hatte ja seine baumumstandene Wiese? Nichts ist mehr da, Wildnis wird von den alten Bäumen umstanden, überall hat man die Häuser abgetragen, im Elb-Havel-Winkel die drei Häuser der Katten, das Geschlecht des Enthaupteten, in Reitwein im Oderbruch das der Burgsdorffs, das in der Mitte des vorigen Jahrhunderts die Finckensteins gekauft hatten, als deren Besitz in Ostpreußen an die Dohnas gegangen war.

Erst hatte man ein Altersheim daraus gemacht, aber dann störte der alte Kasten, in dem das berühmte Bild Friedrichs als Kind hing, von Pesne. Da hat man es dann eben niedergerissen, sogar ganz ohne Vorwand. Kein sozialistisches Baumaterial, die dreihundertjährigen Steine ließen sich nicht vermauern. Als alles beseitigt war, füllte der Schutt eine Senkung unweit des Dorfangers. Das alte Schloß, nun Bruch geworden, verstopft ein Loch im hohen Norden.

Also die Schlösser mußten weg, soweit kann man ja noch verstehen, Ideologie fragt nie nach Wirklichkeit. Aber warum gibt es in den Dörfern keine Wirtshäuser mehr, die doch in den alten Wanderführern verzeichnet sind, oft drei oder vier selbst im kleinsten Flecken? In Werder gab es fünf Wasserlokale nebeneinander, sozial gegliedert für Ruderboote oder Kanus, Jollen und Yachten und dann natürlich die Gartenrestaurants für die Ausflügler, die zur Obstbaumblüte aus Potsdam kamen oder aus Berlin, mit dem Dampfer Havel, Spree und Hohenzollernkanal entlang. Von all dem blieb ein einziges HO-Restaurant. Auch die »Rutsche« fehlt, die einst von der Höhe hinunter fast bis zu den Gleisen der »Blütenzüge« führte, der alten Bahn mit den Abteilwaggons, wo einige Abteile Stroh für die Betrunkenen hatten. Nach dem Erdbeer- und Johannisbeerwein trugen ja so manchen die Füße nicht mehr in die steil abfallende Tiefe, wo unten die Züge nach Berlin gingen.

Nun ist Werder Produktionsgenossenschaft, keine Kremser kommen mehr wie zu Fontanes Zeiten, kein Tanz zur Feuerwehrkapelle im Festsaal. Selbst

Havelfischer sieht man kaum noch, vielleicht, weil sie in den sozialistischen Arbeitsprozeß nicht passen, vielleicht der Wasserverschmutzung wegen, aber das ist gesamtdeutsches Schicksal.

Aber das Land. Wie einst nehmen den Besucher die baumlosen Ortschaften gefangen, durch die zumeist Kopfsteinpflaster führt, nur hier und da sind allzu tiefe Schlaglöcher mit Teer ausgegossen. Immer noch liegen die alten Kähne im Schilf, das man hier meist Binsen nennt. Das Wasser schwappt darin, denn immer ist da ein Leck, die Schute muß leergeschöpft werden wie in Kinderzeiten.

Tiefer Ernst liegt über dem Wasser, Einsamkeit und Stille an seinen Ufern. Dies sind melancholische Seen, was wohl von den Kiefern kommt, die sie schwarz umstehen. Selten spiegelt sich Helles darin, Tegernsee und Chiemsee sind weit. Aber überall Fernsichten, keine Berge verstellen den Horizont, malerisch ist gerade die Abwesenheit des Pittoresken. Kein Zwiebelturm, der heiter in die Ferne winkt, karge Feldsteinmauern aus Prämonstratenser- oder Zisterzienserzeit, die Glockentürme meist von später, deshalb aus Backstein oder aus Holz.

Pathetische Landschaften gibt es und heroische, San Gimignano und Carcassonne halten dafür Beispiele bereit. Wo sind die Urbilder der klassischen Gefilde, wie sie Lorrain malte und dann die Deutschen, Philipp Hackert und Joseph Anton Koch? Die Ideallandschaft der Klassik, zum Beispiel von Goethes geliebtem Tischbein, nahm sich ihre Elemente von überall her, aber das Extreme vermied sie, die schroffen Felsenstürze ebenso wie das Konturlose zwischen Balaton und Camargue. Alles mußte Maß haben, die Berge nicht bedrohlich, die Wasser nicht stürzend, das Dickicht nicht unergründlich.

Ist das so ganz weit von dem, was das Land zu bieten hat, das einmal die Mitte Deutschlands war? Jenseits der Oder ging es ja in die Weite des Ostens über, und nahe der Elbe begann schon bald das alte Karolingerland. Auch die Mark hat ihre Lieblichkeit, hier und da könnte man sie sogar idyllisch nennen. Eiszeitliche Ablagerungen wellen das Land, milde Hügel, eigentlich Dünen, umstehen fast jeden See, vom Schermützelsee beim Barnim bis zum Schwielow im Havelländischen Luch. Überall aber Kiefern, Birken, Weiden, die Zweige hängen ins Wasser, das mehr Pfuhl ist als See.

Es ist die Rahmung, die dem doch eher Unauffälligen einen Gemäldecharakter gibt – die Mauern der Propstei hier, die Baumgruppe dort, dazwischen das stille Wasser. Begreiflich ist schon, daß man sich aus der Ferne hierher zurücksehnte, Humboldt wie Rauch, die Familie des einen aus Königsberg in der Neumark, die des anderen aus der Prignitz, aber beide in Berlin geboren.

Merkwürdig spielt das Königshaus stets in die Kunst hinein. Kammerfrau bei der Königin Luise war die Schwester Schadows, Kammerdiener der Königin Rauch selber. Damals saßen beide zusammen mit Canova und Thorvaldsen in der Via Sistina, nicht weit von der Piazza di Spagna.

Den Neckar des Nordens nannte Fontane die Havel und hatte wohl das Südliche im Auge, das auch Stendhal vor diesen Ufern an den Lago Maggiore denken ließ. Hackert, Goethes anderer Idealmaler, verbrachte zwar ein halbes Leben im Süden und zeichnete Küsten, Pinien und Säulen; aber er kam von hier, aus Prenzlau in der Mark, und das Land der Seele mischte sich ihm mit dem Boden des Herkommens.

Kolonistenland ist das alte Brandenburg, den Heiden und der Wildnis abgewonnen, das Römerland hinter dem Limes liegt weit. Aber so ganz von gestern ist es auch nicht. Überall schimmert das dreizehnte und vierzehnte Jahrhundert durch das Preußische hindurch, und hinter Askanier-Steinen und Hohenzollern-Mauern wird die Epoche Ottos des Großen sichtbar. Wo die Mark am preußischsten ist, fällt es am meisten in die Augen: der Klassizismus ist die Tünche auf dem alten Land, auch hier ist immer schon etwas vorausgegangen. Man muß nur zu sehen verstehen, auch mit der Erinnerung, nicht nur mit den Augen.

In Paretz zum Beispiel, dem Lieblingssitz Friedrich Wilhelms und Luises, die Havel schimmert durch die Bäume herauf, wird ein barockes

Die Dorfkirche von Paretz

Tangermünde mit dem gotischen Rathaus

Märkische Dorfstraße

Chaussee bei Wustrau

Gutshaus in ein klassizistisches Landhaus von einer so biederen Nüchternheit verwandelt, daß es selbst Fontane zu weit ging. Die Feldsteinkirche aus der Ordenszeit gleich nebenan brachte der ältere Gilly mit ein paar Handgriffen aus dem Mittelalterlichen ins Neugotische, wenn auch im Spielzeugformat. Die Königsloge, »Königsstuhl« genannt, mißt drei mal vier Meter, das Maß einer Leutestube. An der Westwand hängt noch heute Schadows Relief für die tote Königin mit der ungelenken Trauer des Spruchs »Den 19. Juli 1810 vertauschte sie die irdische Krone mit der himmlischen.« Natürlich ist die Tafel aus Ton, für Marmor oder Bronze hatte man nach Jena und Auerstedt keine Mittel.

So geht es allerorten in der Mark zu, überall ist das Klassische aufgepfropft aufs Märkische wie das Preußische aufs Brandenburgische, nicht nur in Neuhardenberg, wo das klassizistische Schloß des Fürstkanzlers auf die barocken Grundmauern des friderizianischen Gutshauses gestellt wurde. Sein altes Gutshaus Glienicke hatte Hardenberg dafür an Prinz Carl, den Sohn des Königs, verkauft. Schinkel machte aus dem alten Gemäuer das Juwel des Klassizismus, das neue Klein-Glienicke.

Ist es irgendwo anders? Erinnern bei Humboldts Tegel die dummen Ecktürme nicht an den alten Renaissance-Kasten, der hier zur Residenz des Humanismus umgebaut wurde? Das Königshaus spart am meisten, selbst nach der Wiederherstellung des Staates durch Leipzig und Waterloo. Als Friedrich

Wilhelm III. 1825 seinem ältesten Sohn im Park von Sanssouci ein Gelände schenkt, läßt sich der Kronprinz ein altes Bauernhaus zu einer italienischen Villa umbauen, das Miniaturschlößchen Charlottenhof von der halben Größe eines Dithmarscher Bauernhofes.

Aber man soll auch nicht immer nur an Gilly, Schinkel, Persius und Stüler denken und in der Mark nichts als das Humanistische suchen. Das Klassisch-Ästhetische ist ja überall dem Christlich-Poetischen aufgepfropft, und durchwandert man die stillen Landstädte und die alten Kirchhöfe, so triumphiert für das Gefühl nicht selten die alte Welt über die neue. Der geheimnisvolle Zauber des Schwermütigen trägt dann den Sieg davon über die Schinkel-Chose, die überall Tempel aus Thessalien in die Uckermark verpflanzt und selbst dem Molkenhaus im Oderbruch die Gestalt einer Basilika gibt.

Man sitzt in Weimars »Elephanten«, wird von der Menge durch Friedrichs »Neues Palais« geschoben, trinkt einen klebrigen Saft im Restaurant »Witebsk« in Frankfurt, ißt die obligate Soljanka, die überall zwischen Oder und Elbe die alte Erbsen-und Linsensuppe verdrängt hat, wie ja auch der Wodka den Steinhäger ersetzt. Kulturen sinken, andere steigen auf. An den Abrechnungsbüchern der Klosterküchen im späten Merowingerreich läßt sich ablesen, wie in wenigen Jahrzehnten die römische

Zivilisation durch die fränkische abgelöst wird; plötzlich verschwinden die Positionen für Wein und Oliven, an deren Stelle Ausgaben für Met und Honig treten. Merkwürdige Gedanken kommen einen an, wenn man im Restaurant »Puschkin« in Dresden seine Pirogge ißt.

Soll man so auch auf das Land schauen, das eben noch das eigene war? Damals, als unsere Kultur anhob, gab sich der tiefe Einschnitt in allem Bestehenden auch im Bagatellhaften zu erkennen. Europas Kerzenindustrie verdankt ihre Entstehung der Sperrung des östlichen Mittelmeeres durch die neuen islamischen Staaten im Mittleren Osten. In die westlichen Teile des Römischen Reiches kommt im 8. und 9. Jahrhundert kein Öl mehr von den Oliven des Orients, mit dem man seit Jahrhunderten die Öllämpchen in den Kirchen der Christenheit speist. So erfindet man sich die Wachskerze, und in Zukunft wird in der Hagia Sophia in Konstantinopel die Öllampe brennen und in der Peterskirche in Rom die Kerze.

Sind es solche Zeichen, auf die man achten muß, wenn man den fremden Herrschaftsbereich betritt, der vor unserer Haustür beginnt?

Am Nebentisch die Bürger des Arbeiter- und Bauernstaates. Was ist es, das jede Begegnung mit den anderen Deutschen zu einer so bewegenden Sache macht? Kommt das Gefühl daraus, daß sie soviel mehr Deutsche als wir sind, oder rührt ganz im

Gegenteil die Betroffenheit daher, daß jenes andere Frankfurt an der Oder dem polnischen Kalisch schon näher ist als der Zwillingsstadt am Main? Trifft man Freunde oder begegnet man Fremden, so fühlt man sich ihnen nahe verwandt. Aber spielt da nicht auch ein wenig die Empfindung hinein, die jene Amerikaner deutscher Herkunft hatten, als sie nach dem Untergang der Gewaltherrschaft in das Land der Vorväter kamen? Ja, wir sind ihr, und ihr gleicht uns, aber doch in einer Manier, wo es die Nähe ist, die die Fremdheit offenbar macht.

Alles Zufälle, solche der Politik und solche der Geographie. Drei alte Männer sitzen in Jalta und Teheran und zeichnen auf einem Schulatlas Linien. Ein halbes Jahrhundert später bewegt die Enkel die Frage, wie es wohl gekommen wäre, wenn damals der rote Strich drei Zentimeter weiter nach Osten gezogen worden und Erfurt plötzlich ununterscheidbar von Passau wäre, und Leipzig gliche Hannover. So weit war es doch gar nicht, daß es dahin gekommen wäre. Ganz zum Schluß, als er alle Fehler gemacht hatte, wollte es Churchill so; da war es zu spät.

Ja, die anderen Menschen. Ist es Bescheidenheit, ist es Unbeholfenheit, wie sie sich in den Restaurants bewegen, fast um Entschuldigung bittend, wenn sie nach Plätzen und Speisekarten fragen? Oder fehlt ihnen nur die Allerweltssicherheit der Reisegruppen zwischen Ischia und Sri Lanka? Oder ist auch das verkürzt gedacht, gibt sich der Greifs-

walder in Warna wie der Bochumer in Rimini? Alles
nur Perspektivenwechsel, Frage der Optik, nur daß
die einen tatsächlich keine Grenzen kennen zwischen Seychellen und Spitzbergen und die anderen,
die Sache beim Namen genannt, auf den Bereich an-
gewiesen bleiben, wo die Rote Armee zu Hause ist.

Immer wieder tastet man sich in die Vergangenheit. Damals, als man mit den Großeltern nach
Krummhübel oder Thale fuhr, wie sah es aus?
Und als die Schulklasse einen Winterausflug nach
Freiberg machte, die Schneeschuhe an die Schnür-
stiefel schnallte? Den Stollen des mittelalterlichen
Silberbergwerks hatte die Reise eigentlich gegolten
und der Bergakademie, an der einst Alexander von
Humboldt, Novalis und Theodor Körner studiert
hatten. Aber wichtiger war dem Lehrer der Dom
von 1220 gewesen, vor der Goldenen Pforte war er
ins Sehnsüchtige geraten; hoch über das gleichzeiti-
ge Fürstenportal von Bamberg gehe das hinaus in
der vollkommenen Harmonie von Architektur, Pla-
stik und Ornament.

Kindheit, das ist nicht so sehr das Friderizianische,
das mehr eine Sache der Lesebücher war, als das
Staufische. Wie beflügelte es damals Empfinden und
Verlangen der Deutschen. Dreißiger Jahre, das sind
nicht nur Aufmärsche der Zwölf- oder Vierzehnjäh-

rigen im Poststadion und Zeltlager in der Schorf-
heide, das sind auch Bamberger Reiter, Uta von
Naumburg und natürlich der Cornett, Bilder von
Herrscherlichkeit, Traum, Liebe und Tod.

Alles unerinnerbar, unkenntlich im Nebel der
versunkenen Zeit. Jetzt läuft man in den Bergen
nicht weit von Freiberg wohl Ski wie anderswo
auch, trainiert die Mannschaft, die für den Sozialismus Medaillen holen soll.

Nur den Dom, das langweilende Wunderwerk
der Jugendtage, hat niemand mehr gesehen, will
keiner mehr sehen, nirgendwo Busse, die die Schul-
klassen herbeifahren. Die mittelalterliche Kathe-
drale steht noch, der Krieg ist besser an ihr vorüber-
gegangen als an dem Münster von Ulm, aber sie ist
aus der Welt gekommen. Die aus Sachsen wollen
auf die Krim, die aus Westfalen nach Mallorca. Lange ist es her, daß der eigene Boden das Ziel der
Sehnsucht war, nun treibt es einen von jenseits und
diesseits in die Fremde – nur, daß die drüben nicht
so können, wie sie wohl wollen.

Sonderbar zu denken, wie die Vorväter gestern
noch vor diesen Hügeln und Tälern von Rührung
überkommen wurden: »Land, dem viel Verheißung
innewohnt.« Sagte das Wolfskehl, Hofmannsthal
oder George? Vokabel aus der Vorzeit, auch der des
Gefühls. Nun staunt man vor dem Tadsch Mahal.

Dritte Station
An östlichen Strömen

DAS ALSO SIND DIE RESTBESTÄNDE DES LANDES,
das erst Brandenburg hieß, dann Preußen, schließlich Deutschland; jetzt trägt es wieder einen anderen Namen. Wird es dabei bleiben, oder wird auch
diesmal wieder der Wind der Geschichte über das
vermeintlich Dauernde hinweggehen?

Dieses Land zwischen Elbe und Oder ist jetzt die
Grenzzone Deutschlands, das doch eben noch fünf-
hundert Kilometer weiter reichte über Allenstein
bis nach Trappönen. Preußen griff ja weit nach
Osten aus, war eine Zeit nicht weit davon, nach dem
Muster Habsburgs ein Vielvölkerstaat zu werden,
vor allem als dann unter Friedrich Wilhelm II. erst
Südpreußen und zwei Jahre später Neu-Ostpreu-
ßen hinzukamem und Preußen nahe daran war, ein
Zweivölkerstaat zu werden. Dienten in Wien die
Rasumowskis, Pallavicinis und Pálffys in der Hofburg, so saßen in Berlin die Raczynskis, Potockis
und Lichnowskys im preußischen Herrenhaus.

Preußen konnten wir notfalls werden, sagte einer
der großen polnischen Herren nach der Gründung
des Reiches in Versailles, Deutsche niemals. Der
Traum vom Staat über den Nationen war ausgeträumt, für Preußen und Polen. Eine neue Welt zog

herauf, alle wollten sie, aber Glück hat sie nicht gebracht, für keinen, der sie erlitt.

Damals, in der Zeit der Vorväter, war Posen preußische Provinz, der polnische Fürst Radziwill der Gouverneur, der Vater der schönen Elisa, der heimlich Verlobten Wilhelms, des Prinzen von Preußen, der Deutschlands Kaiser werden sollte. So sehr viel hätte nicht gefehlt, daß eine polnische Prinzessin Preußens Königin geworden wäre. Warum auch nicht, hatten doch die Dönhoffs aus Friedrichstein in Ostpreußen den Polen nicht nur eine Königin gegeben.

Bromberg hatte seit 1346 Magdeburger Stadtrecht, aber seinen Aufschwung nahm es erst, als die berühmte »Kohlemagistrale« der Eisenbahn das Erz und die Kohle aus Schlesien über seine Gleise nach Danzig schaffte. An der vierten, fünften und sechsten Schleuse des Bromberger Kanals lagen in den schattigen Promenaden die Gartenwirtschaften, im Regierungsgarten südlich vom Veltzienplatz war der Sitz der Behörde, natürlich von Schinkel.

Und dann Graudenz, die »gewerbliche Stadt in hübscher Lage am r. Ufer der Weichsel«, wie der Baedeker von 1911 meldet. Übrigens sehr auffällig. Im Kaiserreich verzeichnet der Reiseführer bei jedem Ort, und durchaus nicht beiläufig, wo die Synagoge steht. Im Falle von Bromberg heißt die Eintragung: »Unweit der Kath. Pfarrkirche von 1460 am Friedrichplatz mit dem Broncestandbild Friedrichs

d. Gr. von Uhlenhaut (1862) die Synagoge von 1884.«
Ach, das Kaiserreich, so gescholten, erst von Wei-
mar, dann von der Gewaltherrschaft, nun auch von
Bonn. Mitunter, nicht ernsthaft, bekommt man
Sehnsucht nach ihm.

Eine Grenzfestung gegen den stets befürchteten
Ansturm aus dem Osten war die Stadt gewesen, ein
Kranz von Außenforts hatte die Festung Courbière
geschützt, die wie Nettelbecks Kolberg nach Jena
und Auerstedt bis zum Frieden von Tilsit gegen die
Franzosen gehalten worden war. Nur drei schlesi-
sche Plätze hatten sich sonst noch behauptet;
Schwerin und v. Lötzen hielten die Festungen Sil-
berberg und Glatz, und ganz weit im Osten wurde
Stadt und Festung Cosel im preußischen Oberschle-
sien von Prittwitz gegen die Bayern gehalten. Und
immer ist ein Dichter dabei, wenn es ernst wird; gemeinsam mit seinem Bruder beobachtete der junge
Eichendorff die Belagerung von einer Windmühle
aus, die, unweit seines Familiensitzes Lubowitz, einen weiten Blick ins Odertal gab.

Aber wer kennt noch Courbière? Weiter lebt das
Gemäuer durch einen anderen Bewohner, der da
zwei lange Jahre gefangen saß. Hier, in der Kase-
matte am Niedertor, schrieb Fritz Reuter »Ut mine
Festungstid«. Hält Dichterruhm doch länger vor als
Soldatenbravour? Da also, fern im östlichen, aber
preußischen Land, hatte der Großvater als junger
Major Dienst getan.

Die Großmutter erzählte noch mit fünfundacht-
zig von den Besuchen auf dem zwanzig Meter hohen Turm auf dem Schloßberg, wo die Reste des
Deutschordensschlosses aus dem dreizehnten Jahrhundert den berühmten Ausblick auf das Weichsel-
tal geben. Gegessen hatte man im Königlichen Hof
am Marktplatz 3/4, Mark 2,80 das Menü, den Wein
bei Seick in der Schuhmacherstraße genommen.
Die Pferdedroschke vom Bahnhof, von wo die
Schienen nach Thorn und Marienburg gingen, hatte
60 Pf für zwei Personen, von da an für jeden weite-
ren Gast nur 20 Pf gekostet. Zu den »Neuen Kaser-
nen«, wo der Großvater Dienst tat, gab es sogar eine
elektrische Straßenbahn.

Umschleierter Gedanke, daß alle Plätze, wo der
nie gekannte und doch so vertraute Vorfahr, als er
»des Königs Rock« trug, in Garnison lag, jetzt russisch sind oder polnisch oder französisch – Gum-
binnen, wo von Rauch das Standbild Friedrich Wilhelms I. stand, weil der nämlich in Ostpreußen sieb-
zehntausend Salzburger Flüchtlinge angesiedelt
hatte, die in Preußen Zuflucht vor Verfolgung suchten wie so viele im Lauf der Jahrhunderte, dann
Pfalzburg in Lothringen, unweit von Straßburg,
schließlich Zigankenberg bei Danzig, wo die Mutter geboren wurde. Sieht es so aus, wenn Geschichte
allmählich ausläuft?

Am Schloß der Barfuss, heute vom Innenministe-
rium des anderen deutschen Staates genutzt, wes-

halb die Volksmacht verbietet, daß man es besichtigt oder gar photographiert, ist auf ein Transformatorenhäuschen am Dorfrand mit ungelenker Hand Lenaus Vers geschrieben:

> Aber führt der Weg den Wanderer
> An den Ort, den ich besinge,
> Kann er nicht dem Bangen wehren,
> Dass es ihm das Herz durchdringe.

Was heißt hier, fremdes Land sei diese östliche Welt gewesen, unterworfene Erde, von elsässisch, polnisch, masurisch Sprechenden bewohnt? Darum ging es doch nicht, in der Neuen Welt nicht, wo man, auch noch als man sich zu »Vereinigten Staaten« zusammengeschlossen hatte, englisch, deutsch, französisch und spanisch redete, und im alten Rußland schon gar nicht, wo das Großfürstentum Moskau keine Umstände machte, sich zwei Dutzend Völkerschaften anzugliedern, in denen man alles sprach, Uquirisch oder Kirgisisch, bloß nicht Russisch.

Das waren vornationale Epochen, Herders Volkstumsschwärmerei mußte aufkommen, daß man germanisierte oder polonisierte – unter Nationalisten, Kommunisten und Faschisten, wie Mussolini zeigt, der den Südtirolern das Deutsche austreiben wollte. Ganz zum Schluß erfand Churchill eine Sache, die er »Bevölkerungstransfer« nannte; Stalin exekutierte sie. Ruthenen nach dem Osten, Polen nach dem Westen, Tataren nach Sibirien, Balten nach dem Westen, schließlich 12 Millionen Deutsche auf der Flucht. Europa auf Wanderschaft, ethnologische Politik, die Erde als Verschiebebahnhof.

Die Moralisierung der Vergangenheit, unerträgliche Selbstüberhebung, rechnet den Vorfahren vor, daß sie in Vorzeiten gelebt. Verteidigt sei der Großvater, auch wenn er in Graudenz stand und einen polnischen Burschen hatte, der das Deutsche auf eine Weise sprach, wie der Enkel es nur aus den Romanen Hašeks und Joseph Roths kennt.

Leicht gesagt: Verkehrte Politik. Wann verkehrt? Heute? Nach zehn Jahren, einem Jahrhundert?

Aber man soll es mit der deutschen Ausnahmeschuld auch nicht übertreiben. Dieses Osteuropa, jetzt durchaus mit Grund Ostmitteleuropa genannt, denn die andere Welt beginnt ja erst mit der Grenzscheide zwischen dem Römisch-Katholischen und Griechisch-Orthodoxen, billigte auf seine Weise, was die Großreiche im Westen und im Osten mit ihm anstellten. Das zeigte, zum letzten, nicht zum ersten Mal, das Großmachtgehabe auf kleinem Raume, als es 1938 zur Aufteilung der Tschechoslowakei kam und jeder Nachbar größere Ansprüche anmeldete als der nächste. Der Kunststaat aus dem Ersten Weltkrieg wurde zerfleddert von seinen Nachbarn: das Olsagebiet ging an Polen, östlich von Preßburg wurde man ungarisch, die Slowakei erklärte sich selbstständig, die Karpato-Ukraine wollte autonomes Gebiet sein.

Das war kein Zwischeneuropa, das sich als dritte Möglichkeit verstand, als Antwort auf die übermächtigen Nachbarn im Westen und im Osten. Pilsudski wollte ein Großpolen vom Baltischen Meer bis zum Schwarzen Meer, von Litauen bis zur Ukraine reichend. Als das Dritte Reich schon vor dem Einfall stand, träumte man im Warschauer Generalstab sogar von einer »Drei-Meere-Großmacht«, die Adria als polnisches Operationsgebiet, natürlich mit einem Kriegshafen. Schwer verständlich, was man für Illusionen hatte, wo doch Hitler sich schon anschickte, die Welt zu erobern.

Antonescu hatte ein rumänisches Großreich im Auge, riß schon Teile Rußlands und Bulgariens an sich, das seinerseits auf griechische und türkische Beute hoffte. Horthy wiederum wollte Großungarn wiederherstellen, wozu er tschechisches und polnisches Gebiet annektierte und rumänisches besetzte. Rührend oder grotesk, daß man in Helsinki von einem Großfinnischen Reich träumte, mit den drei baltischen Staaten als Protektoraten?

Ginge es, man fiele heute noch übereinander her. Budapest befreite dann die ungarischen Gebiete Rumäniens, Bulgarien vertriebe seine türkischen Bürger, Albanien besetzte am liebsten Teile Jugoslawiens.

Der deutsche Wahnsinn, obwohl unermeßlich, ist nicht einzigartig.

Lebt man in dem Rumpfstaat, dem Rest dessen, was einst das Deutsche Reich hieß, kann man es nicht fassen, wie groß das Land einst war, das nicht durchweg deutsch war, wo aber Deutsche lebten seit einem Dreivierteljahrtausend. Es ist nicht zu begreifen, daß dies immer noch nicht genug war, nicht groß genug und nicht deutsch genug. In Posen zum Beispiel, wo dann der Vater am Landgericht seinen Assessor machte, der Stadt mit dem königlichen Schloß von Schwechten, dem Polnischen Theater von Semper, der Paulikirche von Stüler und dem Brunnen von Lederer, gründete man nicht nur eine »Ansiedlungsanstalt« für deutsche Kolonisten, sondern ganz kurz vor dem Ende, nämlich 1903, auch noch eine »Staatsanstalt zur Förderung deutschen Geisteslebens in den Ostmarken«.

War das die Geste der in die Enge Getriebenen? Die deutschen Städte im Osten, meist im dreizehnten und vierzehnten Jahrhundert als Ordens- oder Hansestädte gegründet, sind um 1400 wirklich deutsch, kaum unterscheidbar von Wolgast oder Greifswald. Dann, mit der Niederlage der Ordensritter und dem Untergang des Hansebundes, ziehen die deutschen Handelsherren ab; mit den Herrschaftsverhältnissen ändern sich die Warenströme.

Immer mehr polnische Neubürger kommen in die Kaufmannsstädte, in denen die Deutschen allmählich eine Minderheit werden, bis sie um 1900 hier ganze fünfzehn, dort zwanzig Prozent ausmachen. Nun, im Gegensatz zu früher, sind sie polnisch bewohnt, aber deutsch regiert, wo sie früher lange genug der polnischen Krone unterstanden, aber überwiegend deutsche Bevölkerung hatten. All die Institutionen, mit denen man das Blatt zu wenden sucht, machen nur offenbar, wie sehr man sich auf Schwemmsand fühlt.

Nach Thorn waren um 1250 die deutschen Siedler gekommen und hatten auf Geheiß der polnischen Landesfürsten die Altstadt gegründet, und dann hatte man sechshundert Jahre lang friedlich nebeneinander und oft genug auch miteinander gelebt. Das neunzehnte Jahrhundert, das Jahrhundert des Fortschritts, mußte kommen, daß man panslawisch und alldeutsch wurde. Deutsche Krankheit oder europäisches Leiden?

Auf der Mädchenschule von Pfalzburg hatten – wie die Mutter erzählte – die Schulmädchen als Fanal der französischen Gesinnung blaue Röcke, weiße Blusen, rote Schals getragen; nun trumpften die deutschen Backfische in Posen mit Kleidern auf, die immer wieder auf Schwarz-Weiß-Rot hinausliefen, patriotisches Textil. Unbegreiflich das alles, blickt man nach der Katastrophe zurück. Wo bleibst du, Fontane, »Nach dem Sturm« zu schreiben?

Dieses preußische Posen legte aber Wert darauf, nicht mit dem preußischen Lodz verwechselt zu werden, was auf Gegenseitigkeit beruhte. In Lodz war man weltläufig und elegant, wofür schon der französische Einfluß und das jüdische Element sorgten, die hier vieles prägten. Schon im Lyzeum benutzten die Mädchen den Lippenstift, während in Posen doch Zopf und »Schnecke« als gut deutsch galten. Polnische Urbanität, französisch geprägt, färbte in der einen Stadt selbst die deutsche Minderheit, wo man doch in der anderen schon im Gymnasium sich nationalbewußt gab.

Preußisch in Rechtlichkeit und Ärmlichkeit war aber überall das Land, meist von der Mark aus besiedelt, wenngleich im Süden schlesisch geprägt. Bis in den Weltkrieg hinein hießen die deutschen Bauern noch »Kolonisten«. In den Ferien nahmen sich die Schüler Kähne in Brest am Bug und ließen sich dann tagelang die Weichsel bis Thorn hinuntertreiben, in deutschen Dörfern am Stromufer übernachtend, wo dann am Morgen zwölf Eier pro Kopf in die Pfanne geschlagen wurden, wie sich ein deutscher Historiker, der von da kommt, Gotthold Rhode, jüngst erinnerte.

Mennoniten waren die Kolonisten zumeist, wie ja auch die Handelsstädte von Stralsund bis Memel den Resten der Wiedertäufer nach der Katastrophe von Münster Zuflucht gegeben hatten, Menno Simons' Gemeinde, die gesammelt und gereinigt aus den Exzessen der Gottesherrschaft hervorgegangen war.

Dies Land im Osten war ja überall die große Heimstatt der Verfolgten, nicht nur der französischen Hugenotten und salzburgischen Protestanten, sondern auch der schottischen Katholiken. Als die Sache der Stuarts endgültig verloren war und Wilhelm III. von Oranien auf dem englischen Königsthron die protestantische Sache zu der seinen machte, kamen die katholischen Glaubensflüchtlinge aus Schottland nach Danzig, Elbing und Memel. Schottische Namen füllten bis gestern die Telephonbücher der Plätze, über die der Korn- und Holzexport aus dem Osten ging, oft genug in die verlassene Heimat.

Erst jetzt, eintausend Jahre nach der Gründung, gibt es in Danzig, über Jahrhunderte hinweg die drittgrößte deutsche Stadt, keine Deutschen, Schotten, Franzosen, Salzburger mehr, nur noch Polen; Nachteil oder Gewinn?

Vom Winde verweht, nicht nur das Land, sondern auch die Erinnerungen, die eben doch noch Gegenwart waren. Dies hätte man nicht gedacht, daß mit dem Land auch die Geschichte verlorengehen würde, sogar die Geschichten. Fern klingt jetzt, daß aus Lissa, der Stadt mit der bedeutendsten protestantischen Barockkirche der Provinz, der Kreuzkirche, natürlich aus Backstein, die hübschesten Dienstmädchen kamen wie aus dem Spreewald die treuesten Ammen.

Weiter nach Norden kam dann Nidden, das Fischerdorf zwischen Rossitten und Schwarzort, gebirgige Dünen, die höchsten über sechzig Meter, dunkle Wälder, am Strand ein »Damenbad«. Dort

An den Oder-Niederungen

Die Memel

Masurischer See

baute sich Thomas Mann sein Haus in die Kurische Nehrung.

Aber es war nicht der Osten, den er hier suchte, wo Deutschland am östlichsten war, sondern der nicht endende Wellenschlag, »jenes unvergleichlich befriedigende und angemessene Rauschen der Brandung, das mein Leben begleitete« – erst in Travemünde, dann bei Kliffende in Kampen, jetzt in Nidden, bald in Pacific Palisades. Was mag noch da sein? Gibt es den Ort noch, das Haus, was ließen die wandernden Dünen von jenem Weg zum Meer, den Thomas Mann so liebte?

Auch hier wieder: Nur der Name des Dichters bewahrt noch das Gedächtnis des Fleckens, der ins Vergessen gesunken ist.

Wer weiß noch viel von Memel, Stadt und Strom? Vielleicht, daß sich da auf einem Floß im Fluß der Zar und Napoleon trafen, um Napoleons Vorschlag zu beraten, ob man Preußen abschaffen solle. Aber Simon Dach, 1605–1659, lebt noch im Gedächtnis der Deutschen, der in der alten Hansestadt geboren wurde und das »Ännchen von Tharau« schrieb. Hier und da singt es noch eine Liedertafel.

Altertumswissenschaft das alles. Die Reisen in die Vergangenheit sind solche in die Vorstellung, und jene in die Vorstellung enden immer in der Vergangenheit. Keine Traumreisen, träumerische Reisen. Verweht nun alles wie Sybaris unter dem Sand der Geschichte. Gleich verwandelt ist die Welt, ob man am Golf von Tarent steht oder am Kurischen Haff; dort spricht niemand mehr griechisch, hier niemand mehr deutsch. Gleich freundlich wird man von den Fremden aufgenommen, Italienern da, Polen hier, und gleich wenig wissen sie, was sich dort einst begeben, in Metapont oder in Eydtkuhnen, und wer hier drei lange Tage im Hotel de Russie wohnte. Der Freiherr vom Stein war es, das Gästebuch bewahrte es bis gestern.

Alle Vergangenheiten sind ein Schatten geworden, auch die eigene. Aber der Schatten ist es ja, den wir festhalten wollen, damit es uns nicht ergeht wie »Schlemihl«, den auch ein Flüchtling schrieb, von weit her, aber in umgekehrter Richtung.

Vierte Station

Auf den Seelower Höhen

Die Seelower Höhen ragen weit in die Oder-
Niederung hinein. Der Hang des aus eiszeitlichem
Geschiebelehm aufgebauten Plateaus fällt steil zum
Bruch hinab. Aus dem Glast der Ebene scheint das
silbrige Band der Oder auf, flach und langsam da-
hinströmend und immer wieder Sandbänke freige-
bend, die so trivial-poetische Namen wie Ziegen-
werder und Große Plage tragen.

Der Bruch, bis in die Mitte des achtzehnten Jahrhunderts hinein die längste Zeit des Jahres überflu-
tet und stets versumpftes Gelände, aus dem sich
hier und dort Haufen von Wendenkaten erhoben,
die sich mit Wällen aus Kuhmist vor dem Wasser
schützten, war seit Menschengedenken während
vieler Monate nur mit Kähnen passierbar, weshalb
es denn die Sitte der Massentaufen und -trauungen
gab. Der Pastor kam, mit langen Stangen sich vor-
wärts stakend, alle acht oder zehn Wochen im Boote
und nahm seine Geschäfte vor; dann versank das
von Kürbisanbau und Fischfang lebende und nur
notdürftig dem Christentum und der deutschen
Sprache gewonnene Land wieder in seine wendi-
sche Heidenwelt, die noch bis in die Mitte des folgenden Jahrhunderts anschaulich wurde, weil der

märkische Adel auf der alten Tracht bestand, wie denn der Fürstkanzler Hardenberg auf Neuhardenberg keinen städtischen Kattun duldete.

Hier wie überall zwischen Wallonien und Sizilien tritt die Wahrheit in Erscheinung, daß die Erhaltung des Überkommenen Anstrengung von oben und nicht Lebenszähigkeit von unten ist. Tradition ist Kunstgewächs und ein artifizieller Vorgang, was denn noch heute jede Fahrt durch die alten Landschaften Europas vor Augen führt: Neben der Vulgarisierung durch den Fortschritt steht die Restaurierung durch das rückwärtsgerichtete städtische Verlangen, das sich in den Besitz der alten Häuser bringt.

Am Ende des achtzehnten Jahrhunderts ist dann der Oderbruch der Gemüsegarten der Mark. Die von Friedrich noch vor dem Siebenjährigen Krieg dem Wasser abgerungenen Pfuhle, das fisch- und vogelreichste Gebiet Preußens, haben nur drei Jahrzehnte gebraucht, um ihre Fruchtbarkeit freizugeben. Die 130 000 Morgen neugewonnenen Landes werden an 1300 Kolonisten vergeben, wozu man Pfälzer, Schwaben, Mecklenburger, Westfalen, Böhmen, Österreicher und Polen ins Land holt, das in königliche, städtische und adlige »Kolonistendörfer« aufgeteilt wird.

Wen die Berliner Gesandtschaften aus aller Herren Länder zum Eintritt in die preußischen Staaten bewegen können, wird für die Dauer von fünfzehn

Jahren von allen Abgaben befreit und vor allem samt Kind und Kindeskindern von aller Werbung freigestellt. In den neuen Dörfern aber sind die Kolonisten ihrem jeweiligen Herkommen entsprechend zusammengezogen, so daß denn selbst nach einem Jahrhundert hier der brünette, tausend Schritt weiter der blonde Menschenschlag überwiegt; dem Besucher fallen noch an der Wende zu diesem Jahrhundert in den alten wendischen Flekken die Mädchen der ausdrucksvollen dunklen Augen wegen auf.

Als der König stirbt, ist der Oderbruch Preußens reichstes Raps-, Gersten- und Rübenland. Fünfzig Jahre später, in der Mitte des Jahrhunderts, steht Fontane auf der Seelower Höhe und sieht, wie unten in der Ebene »die ohnehin dicht gelegenen Dörfer in dem endlosen Coulissenbilde immer dichter zusammmenrücken und alles verschmilzt zu einer weitläufig gebauten Riesenstadt, zwischen deren einzelnen Quartieren die Fruchtfelder wie üppige Gärten blühen. Wer hier um die Sommerszeit seines Weges kommt, wenn die Rapsfelder in Blüte stehen und ihr Gold und ihren Duft über das Bruchland hin ausstreuen, der glaubt sich wie durch Zauberschlag in ferne Wunderländer versetzt. Die Feuchte des Bruchs liegt dann wie ein Schleier über der Landschaft, alles Friede, Farbe, Duft, und der ferne, halb ersterbende Klang von dreißig Kirchtürmen klingt in der Luft zusammen, als läute der Himmel selbst die Pfingsten ein.«

Die Landschaft, das Dauernde, hat viel von der weichen Milde bewahrt, eine Camargue an der Oder, nicht nur in ihrer wäßrigen Milchigkeit an das Rhône-Delta erinnernd. Überall Störche, auf manchem Dach zwei Nester, wie sonst nur an den großen ungarischen Flachseen, überall Sümpfe, Abzugsgräben, Pfuhle, »faule Seen« – Bruchland.

Aber viel fehlt, und alles ist anders. Unten, im schimmrigen Weiß, kein Dorf an Dorf mehr, zur Stadt nahezu zusammenwachsend; nur verstreute, roh aufgeschichtete Gebäude, das ganze flache Drunten gibt nicht einen einzigen Kirchturm preis. Wer mit einem alten Meßblatt gekommen ist, sucht vergebens die kastanienumstandenen Alleen längs der Höhen und wie sie in der Ebene als Akazienreihen von Dorf zu Dorf führen. Nur Kopfweiden, hochgeschossene Pappeln, verwilderter Holunder, Niedergestrüpp. Niemand hier, der dem Nichts Träume abzwingt, kein *Kolonist*, der Linden vor sein Gehöft stellt, keine Derfflingers, Vater und Sohn, die den Süden so liebten, daß sie Zypressen und Zedern auf den Barnim holten, obwohl es in Wirklichkeit nur Taxodien sind. Der Alte kennt den mittelmeerischen Pflanzenwuchs nur aus seiner österreichischen Heimat, die er als Zwanzigjähriger nach dem Böhmischen Aufstand verlassen hat, um als Glaubensflüchtling erst in schwedische, dann in brandenburgische Dienste zu treten, aber der Architektur und der Gartenkunst gehört die Leidenschaft noch des Achtzigjährigen. Nering, der

Baumeister des Zeughauses Unter den Linden, baut ihm sein Palais am Cöllnischen Markt in Berlin gleich gegenüber dem Kurfürstlichen Schloß, aber es ist sein Park in Gusow, den er so liebt, daß er mehrmals – vergeblich – um seinen Abschied einkommt, um sich ganz der Gartenwelt hinzugeben. Den Sohn aber, einst auch er als General-Lieutenant in Berliner Diensten, schickt er ganz in der Manier des siebzehnten Jahrhunderts auf die Grand Tour; nachdem Friedrich Derfflinger seine Studien im benachbarten Frankfurt, dann in Tübingen, Den Haag und London abgeschlossen hat, geht er für zwei Jahre in den Süden, seine Bildung in Frankreich, Italien, Sizilien und auf Malta vervollkommnend. Haben ihn Vergangenheit und Gegenwart des Deutschen Ordens dahin gezogen? Seelisch lag das alte Ordensland ja nicht fern, denn Quittainen, um dessen willen der Vater, neben Poppenheim der größte Reitergeneral des Dreißigjährigen Krieges, sich das preußische Indigenat hatte erteilen lassen, lag ja im ehemaligen Ordensland. Übrigens ging dann sein gebliebtes Quittainen auf dem Erbwege an die Dönhoffs.

Nun leben beider Nachkommen auf fremder Erde, Flüchtlinge im Westen, von wo sie Jahrhunderte zuvor aufgebrochen waren, nach Brandenburg die einen, nach Preußen die anderen.

Sonderbar fern diese Welt der großen Herren, die da über dem Oderbruch saßen, von fernen Tagen träumend. Damals hatten sie mit französichen Kavalieren Bootsfahrten auf der Loire gemacht, sich nach den Gärten der Boboli gesehnt oder dem Park der Villa Medici. Das sind noch märkische Tage, die an ihr Ende zu bringen man aber kräftig mithilft. Dann sind die brandenburgischen Aristokraten zu preußischen Offizieren avanciert und domestiziert, keine Rede mehr davon, daß man heute in schwedische Dienste und morgen in brandenburgische oder sogar in den Sold der Thurn und Taxis tritt, womit der Derfflinger seinen Aufstieg begann. Gusow, das Schloß verkommen, der Park ruiniert, steht für vieles, nicht nur für sich selbst. Durchwandert man das alte Gemäuer, von dem nur ein paar Räume genutzt sind, tun sich plötzlich europäische Perspektiven auf.

Jetzt ist hier nicht Preußen und nicht Brandenburg mehr, nur landwirtschaftlich genutzte Fläche, erkennbar fruchtbar und ohne Geschichte. Nicht nur die »Schloß-Gesessenen« sucht die Erinnerung vergeblich, die sich an die Namen der alten Dörfer heftet; auch die Bauern fehlen, deren über Nacht gekommener Reichtum damals zum »Unsegen« geworden war, wie jene alten Berichte erzählen, die von bäuerlichen *Chaisen* sprechen, Prunkgelagen und allzu aufdringlich zur Schau getragener Opulenz.

Es fiel zu leicht euch in den Schoß,
»Zu glücklich sein« war euer Los.

Wie heißt der Spruch im goldnen Buch?
»Reichtum ist Segen und Reichtum ist Fluch.«

Sonderbar, das heute zu lesen. Längst ist alles verweht, der Segen wie wohl auch der Fluch. Mit der
adligen ging die bäuerliche Kultur, auch die hochge-
buffte. Agrarindustrie jetzt mit kargem Glück; kann
sogar sein, daß es mit dem Auskommen der Landarbeiter besser als früher bestellt ist. Not gibt es jedenfalls nicht mehr, man darf sich durch die Freudlosigkeit, die sich wie Mehltau über alles gelegt hat, nicht
täuschen lassen.

Vergebens jedoch sucht das Auge Freiheit, will
sich an jenem Überfluß festhalten, der nicht aus
dem Reichtum, sondern aus der Heiterkeit kommt.
Aber keine Kirmes, kein Maibaum, kein Schützen-
verein, der im girlandengeschmückten Festsaal
zum Tanz lädt; nur Spruchtafeln und Mauerplakate
mit rituellen Losungen, in denen friedliche Acker-
städte versprechen, von der Erfahrung des ruhmreichen Brudervolkes im Osten zu lernen.

Woher kommt das Beharren auf der eigenen Un-
zulänglichkeit, die der Belehrung durch das ferne
Rußland bedarf? Mit den Gefühlen des Volkes hat
das nichts zu tun, soviel ist sicher. Ist es ein Singen
im Keller, mit dem ein Regime sich zu sich selber
Mut macht?

Gruß und Dank allen Werktätigen der DDR steht
auf den Tafeln, die den Weg zur Oder begleiten. Dies

ist die optische Entsprechung zu dem Beifall, mit dem überall im östlichen Reich der Redner sich selber applaudiert. Was für fremde, ferne Verhaltensweisen. *Der Sowjetunion auf ewig brüderlich verbunden*, lautet das Gelöbnis in Seelow. Nicht das Revolutionäre, das uns notfalls für sich einnehmen könnte, ruft das Staunen hervor, sondern die Willfährigkeit in der Selbstdemütigung, die nichts davon wissen will, wie das Ende der Gewaltherrschaft auch das des Landes brachte. Die Siegesmäler, die hier in jedem Dorf den Vormarsch des Gegners noch nach Jahrzehnten feiern, markieren ja nicht nur fremde Triumphe, sondern den übriggebliebenen Eltern auch die Stätten, wo ihre Söhne den Tod fanden.

Zur Herrschaft berufene Imperien legitimieren sich auch darin, daß ihre Lebensform die unterworfenen Regionen zu faszinieren vermag. Im zweiten Jahrhundert will man zwischen Atlantik und Schwarzem Meer römischer Bürger sein, trägt Toga und pflanzt Rebstöcke; im neunzehnten besteht die Welt darauf, englisch zu sein; Dudelsack und »ham and eggs« sind schneller noch als Kanonenboote. Nichts davon hier, es springt geradezu in die Augen, wie in jeden freien Raum die amerikanische Weltzivilisation einschießt.

Erfolgloser noch als in der Schaffung von Wohlstand ist das Großreich im Osten in der Vermittlung jenes Russentums gewesen, das ein Jahrhundert zuvor den Westen so bezauberte. Manche Länder sind zur Herrschaft nicht berufen; nach Deutschland macht nun Rußland die Erfahrung, daß die Ausbreitung seiner Herrschaft mit dem Verlust der Faszination bezahlt wurde. Niemand hier möchte Russe sein.

Nicht immer ist das Land das Bleibende; auch das kann Selbstbetrug sein, Geschichtsvergessenheit im Umgang mit Natur. Dies Land im Osten, östliches Land, was ein gefühlsbeladenes Wort ist, war in seiner melancholischen Eintönigkeit Menschenwerk, fern der kulturgesättigten Fülle des alten Römerlandes im Süden und Westen und eben darum auf ergreifendere Weise geschichtsgeprägt.

Fielen die alten Gemäuer am Rhein, so bliebe es der Rhein, Kulturland und zur Besiedlung auffordernd; die Oderabhänge ohne Kirchdörfer, Herrensitze und Ufergemeinden sind wieder Fluß im Osten geworden, nahezu Weichsel, träger Strom zwischen industrieagrarisch genutzter Fläche, geschichtsloses Land, gestaltloses Land.

Fährt man abends die neunundsechzig Kilometer in das zur Grenzstadt gewordene Berlin zurück, hat die Empfindung nur Gedachtes, nichts Gesehenes zur Bewahrung.

Nach drüben, wo im Dunst der Oder das andere Ufer aufscheint, auf dessen Höhen die versunkenen Namen von Kunersdorf und Zorndorf liegen, versperren Verhaue und Gestelle den Weg; nicht weit von hier gabelten sich die Straßen, tun es wohl immer noch. Bei Dirschau und Schneidemühl gingen sie nach Ostpreußen ab, Fontane fuhr mit dem Schaufeldampfer von Frankfurt nach Schwedt; über Küstrin führten sie nach Stettin und Breslau.

Wie weit ist das alles? Dreihundert, vierhundert Kilometer? Und dann von dort nach Tilsit und weiter nach Memel? Noch einmal fünfzig, einhundert Kilometer? Weiter jedenfalls als nach Flensburg oder Aachen. Reiste man nach Süden, hielte man in München, wenn man das Ende der Strecke erreicht hätte. Im Nebel versunken, nicht nur im wäßrigen Licht des Stromes, eher schon im Qualm der Geschichte. Verlorene, verspielte, verdorbene Geschichte.

SEELOW, ZU BEGINN DIESES JAHRHUNDERTS EINE DER reizenden »Ackerbürgerstädte« des zum Stift Lebus gehörenden Landes, eine Sommerfrische mit dem ländlichen Gasthaus »Schwarzer Adler«, der mit seinen acht Zimmern und zwölf Betten bei 1,50 Mark Logis und 3 Mark Pension erfolgreich gegen das »Norddeutsche Haus« und den »Weinberg« bestand (denn im sechzehnten Jahrhundert waren die Hügel hier bis hinauf nach Schwedt alles Weinberge, die von den gärtengesäumten Höhenrändern den Blick auf die tief gelegenen Fluren und den Strom freigaben), war von der Oderebene her nur mit Mühe zugänglich: ein Ort, gut zum Rekognoszieren und Barrikadieren.

So nimmt es denn nicht wunder, daß die malerische Bastion ihrer Lieblichkeit zum Trotz ein Platz des Ernstfalles ist. Als Preußens Existenz auf der Schneide steht, ziehen sich die Dinge mehr als einmal an der Oder, und zwar an diesem Punkt, wie in einem Brennspiegel zusammen. Dreimal geht es, so mißlich es auch bisweilen aussehen mag, am Ende glimpflich, sogar gut aus; nach dem vierten Mal gibt es Preußen nicht mehr.

Trüge das Auge im Dunst der Feuchte weiter, würde es gleich jenseits des Stromes die flache Erhebung von Zorndorf sehen, wo Friedrich am 25. August 1758 in verlustreicher Schlacht die russische Flut zum Stehen brachte, die das ganze Land in eine Wüste verwandelt hatte, wie der Marquis de Montalembert nach Paris berichtet: »Alles ist eingeäschert, tot, geflohen; man findet keine Menschen, kein Pferd, kein Herdenvieh mehr.«

Die russische Flut, immer wieder. Das Wort reicht in wechselnde Vergangenheiten, geht tiefer ins Gewesene zurück als in die Erfahrung des letzten Anbrandens, das den heillosen Großreichstraum beantwortete und das Land seine Geschichte gekostet hat. Andere Staaten mochten um ihr Recht, um ihre Provinzen kämpfen, für Preußen stand immer sein Bestand auf dem Spiel, Aufteilungspläne gab es in Petersburg, Wien und Paris genug, in Gedanken waren seine Provinzen mehr als einmal verteilt.

Anderes kam hinzu. Die Erfahrung des Kolonisten, Grenzland zu bestellen, Nachbar von unübersehbaren Räumen mit fremdartigen Landstrichen und Völkerschaften zu sein, hat sein Bewußtsein nie losgelassen, in Sehnsucht und Schrecken. Es bedurfte dazu nicht des Gegners, auch der Verbündete blieb unheimlich.

> Da er nichts tut als erobern,
> Wird er uns nicht übersehn,
> Gerne wird er seinen Lobern
> Eine kleine Kette drehn,

notierte Graf Platen uralte Bedrohungsängste, als Petersburg mit der Billigung Europas, das sein vernünftiges System über seine romantische Empfindung stellte, Anfang des Jahrhunderts die polnische Erhebung niederwarf.

Unten blinkt der Fluß auf, der einst »Mitte der Monarchie« genannt wurde und jetzt die Grenze Deutschlands darstellt, weshalb denn Fontanes »lachende Landschaft« Sperrgebiet ist und man die halbe berittene Stunde stromaufwärts nach Kunersdorf nicht kann, wo der König fast auf den Tag genau ein Jahr später, nämlich im August 1759, um ein Haar in die Hände von Kosaken fiel und von dem Major Prittwitz nur mit Mühe über die Schiffsbrükke bei Oetscher hierher aufs linke Ufer gerettet wurde.

Und noch einmal Seelow, wieder Kosakenhemden. Hier oben, wo es am unzugänglichsten ist, haben versprengte Regimenter der Grande Armée unter Nansouty Posto gefaßt, und drunten gelingt der Vorhut des Generals Tschernyschew der Ritt über das brüchige Eis der Oder. Der jüngere Marwitz ist von Friedersdorf, das zwei Meilen flußaufwärts liegt, heruntergeritten und beschwört den in russischen Diensten stehenden Oberst Tettenborn, entweder nach Frankfurt zu gehen oder *die Seelower Höhen zu nehmen.* Aber der scheut den Kampf und sucht den Ruhm, läßt Seelow oben liegen und unternimmt unten mit seinen Kosaken Streifzüge auf Berlin.

»Mit solchem Kroop muß ich mich schlagen?« hatte Friedrich bei Zorndorf gesagt, als ihm die ersten gefangenen Kosaken vorgeführt wurden. An der unheimlichen Fremdartigkeit hat sich nicht viel geändert, als sie »auf struppigen Gäulen mit Pelzmützen und Piken« am 18. Februar 1813 die Oderabhänge hinaufreiten; noch Goethe erschreckt sich, als »Kirgisen, Baschkiren und Kosaken« einige Wochen später Weimar befreien. Die abziehenden Offiziere Napoleons hinterlassen die Erinnerung an Requirierungen, Festivitäten und Liebschaften.

Räumliche und zeitliche Ferne verschwimmen ineinander; es bedarf nicht des milchigen Lichts, daß einem Litewkas und Kosakenhemden, Waffenröcke und Russenblusen durcheinandergehen.

Am 16. April 1945, als im Morgengrauen die zweieinhalb Millionen Mann der 1. Weißrussischen und der 1. Ukrainischen Front, denen schon am 4. Februar der Oderübergang gelungen ist und die nun seit nahezu zehn Wochen im überfluteten Bruch zu Füßen der Oderberge stehen, zum Sturm ansetzen und in wenigen Tagen Berlin erreichen, ist hier oben auf den Seelower Höhen der letzte Verteidigungsstand der dünnen deutschen Linien. Der Angriff hat mit einem Trommelfeuer begonnen, wie ihn der russische Krieg noch nicht gesehen hat. Vierzigtausend Geschütze »und Werfer« haben die Russen in einer letzten Anstrengung zusammengezogen; bei Seelow kommen auf den Frontkilometer dreihundert Geschütze. Tschukow, der unter seinem Oberkommandierenden Marschall Schukow, der mehrmals am Tage mit Stalin telephonieren muß, den eigentlichen Stoß führt, berichtet später, das Mündungsfeuer der im Abstand von drei Metern nebeneinanderstehenden Rohre habe den Himmel auf der östlichen Oderseite in ein gleißendes Morgenrot getaucht, während der Qualm über den deutschen Linien so undurchdringlich gewesen sei, daß die angreifenden Truppen blind ins Dunkle hineingestürmt seien. Oben, auf den flachen Mulden der Anhöhen, die seit Jahrhunderten, lange vor der Urbarmachung der sumpfigen Niederung da drunten, den reizenden Kranz der Randdörfer tragen, gelingt es drei aus der Reserve herangeführten Panzerbrigaden, einer Panzergrenadierdivision und einer Luftwaffenfelddivision, die umgepflügten deutschen Stellungen bis in die Nachmittagsstunden hinein zu halten, am nächsten Tag gehen sie verloren, werden wieder gewonnen, bis am 18. April die 9. Armee General Busses die Seelower Höhen endgültig räumen muß. Es nutzt nichts mehr, daß Hitler persönlich die Genehmigung gibt, vier Volkssturmbataillone mit Omnibussen im Dunkel der Nacht aus Berlin an die Oder zu fahren, wo sie Schukows 1. Gardepanzerarmee, das 11. Panzerkorps und die 8. Gardearmee zum Stehen bringen sollen. Das alles wird ein blutiges Indianerspiel; denn ein paar Tausend Mann sollen durch Hinterhalte und Finten den Hunderttausenden Einhalt gebieten; am dritten Tag ist der Weg nach Berlin frei. Dort verbarrikadieren nur noch umgestürzte Straßenbahnwagen, besetzt von Hitlerjungen, die Ausfallstraßen nach Strausberg, Seelow, Fürstenwalde und Zossen.

Am vierten Tag ist alles vorüber, nicht nur der Gefechtslärm. Die ganze Strecke des Landes längs der Oder ist ausgelöscht. Von Frankfurt nach Küstrin und weiter nach Bad Freienwalde hinauf gibt es kein Dorf mehr, fast kein Haus. Was Geschichte war an diesem Landstrich, ist nicht mehr. Vorbei Wendenspuren und Askaniersteine, Ordensmauern und Adelssitze. Noch einmal ist Kolonistenzeit über das Land gekommen, aber wie anders jetzt. Kein

»Schwarzer Adler« mehr und kein »Norddeutsches Haus«, nirgendwo mehr Akazienalleen und Kastanienwäldchen; verstreute, schmucklose Landarbeiterhäuser, anfangs, in den ersten Nachkriegsjahren, aus den Steinen der alten zerschossenen Gehöfte und der niedergerissenen Gutshäuser hochgemauert, umstanden von Niedergestrüpp, Fliedergebüsch; kaum ein Baum hier, der älter als dreieinhalb Jahrzehnte ist. Fremdes Neuland, fern von Vergangenheit. Die beiden Restaurants im Oder-Frankfurt heißen »Witebsk« und »Polonia«.

Nun längst zu Ende
graue Herzen, graue Haare
der Garten in polnischem Besitz
die Gräber teils-teils
aber alle slawisch,
Oder-Neißelinie
für Sarginhalte ohne Belang
die Kinder denken an sie
die Gatten auch noch eine Weile
teils-teils
bis sie weiter müssen.
Sela, Psalmenende.

Sah so der Untergang aus, von dem sie all die Jahre über gesprochen hatten, die in der Reichskanzlei am Tage des Kriegsbeginns und die im Bendlerblock, als sie in letzter Stunde das Land zu retten suchten? Was meinte Hitler, als er am 22. April 1938 zu Dönitz von *Finis Germaniae* sprach, wenn es Krieg mit England gäbe? Was hatten sie im Auge im Hauptquartier der Heeresgruppe Mitte im Osten und im Stab des Militärbefehlshabers Frankreich in Paris, was stellten sich Tresckow und Stülpnagel vor, wenn sie den Untergang des Landes beschworen, in den die Gewaltherrschaft Deutschland führe? Den Untergang des Reiches, dessen Traum man bewahrt hatte über das problematische Zweite und das miserable Dritte hinweg? Den Verlust von Provinzen, den Abschied von der Nation? Oder ganz konkret: den Ruin des Landes und seiner Menschen?

Nach dem Kriege wußten sie es nicht mehr, sofern sie überlebt hatten. Fragte man sie danach, die Schlabrendorffs, Gersdorffs und Speidels, so versuchten sie sich zu vergegenwärtigen, was sie damals bewegt und zu verzweifelter Tat getrieben hatte, und fanden nur allgemeine Auskunft: den Ruin habe man gesehen, auf den alles hintrieb, den äußeren und inneren; aber wie der aussehen werde, habe man sich nicht ausgedacht und wohl auch nicht ausmalen wollen. Nur zu begreiflich.

Wer davongekommen ist oder nachgeboren wurde, dem ist das fern wie der Tag von Zorndorf oder Kunersdorf. Unfaßbar das alles, das Sterben wie das Überleben. Was ging in dem jungen Albedyll vor, der die Höhen von Wuhden einen Steinwurf weit zu Lebus hin noch bis zum Mittag jenes 16. April hielt, auch weil der Familiensitz Klessin wenig hinter der

Front lag? Fünf Tage lebte er noch, dann fiel er am Stadtrand von Berlin. Die davon erzählen, einst Bauern, jetzt Landarbeiter, sind ein-, zweimal in die Stadt gefahren, um sein Grab zu besuchen, obwohl das sinnlose Heldenstück das Feuer einen halben Tag länger auf sie zog, so daß von ihren Häusern nicht einmal die Grundmauern blieben. Dorf und Schloß Klessin sind ausgelöscht. Wiese jetzt, die Karte verzeichnet den Namen nicht mehr, wo einst zweihundert »Seelen« lebten.

Ist der Untergang tatsächlich gekommen, sieht es so aus, wenn die Geschichte ihr *Finis* schreibt? Hat hier das Land zur sozialistischen Nation gefunden, und drüben das andere Land, das einst dasselbe war, zur freiheitlichen Demokratie, die doch so viele immer wollten, auch wohl manche von denen, die jetzt hier irgendwo liegen müssen? Aber die letzte große Offensive des Krieges hat keinen Soldatenfriedhof hinterlassen; vergeblich sucht man in den Dörfern längs der Oder nach den Opfern des Untergangs. Irgendwo, weit draußen, sind zentrale Begräbnisstätten.

Fragen über Fragen, unbeantwortbar alle. Dämmerung zieht herauf, auch Wolken und Schauer. Die Oder ist verschwunden wie das Land hinter ihr. Nun plötzlich zeigt sich, daß nur das Blinken des Lichts auf dem Wasser sie kenntlich gemacht hat; die Ebene, der Bruch ist weiter als gedacht.

Seelow bleibt zurück; immer nur Beobachtungsposten von Geschichte, selber ohne Geschichte, der Name nicht eines Seelowers ist überliefert.

Der Weg zurück nach Berlin ist ein Weg zurück auch in die Vergangenheit; jeder Name hier ruft Erinnerungen an Menschen, Ereignisse, Geschichten herauf, die man gestern noch in der Schule lernte. Friedersdorf, von wo damals im Februar 1813 Marwitz herüberritt, liegt kaum fünf Minuten weit. Erst der Augenschein macht deutlich, wie hier alles auf ein paar Dutzend Meilen beisammen lag; es war ein kurzer Ritt von Massows Steinhöfel, dem Lieblingsort Tiecks und Gillys, zu Finkensteins Matschdorf oder von der Lietzener Komturei Hardenbergs zu den Lestwitzens auf Kunersdorf, immer nur bestenfalls eine Stunde. Dergleichen sieht man nicht, wenn man liest, daß Bismarck von Kniephof am Abend nach Trieglaff hinüberritt, um bei Marie von Thadden zu sein.

Also Friedersdorf. Reizlose Landschaft, gestaltloses Dorf; war es wohl immer. Was den Platz wichtig machte, waren die Marwitzens, die hier seit Jahrhunderten saßen und fast in jedem Glied in die Geschichte des Landes verwoben waren. Im alten Herrenhaus, das auf wunderliche Weise das Wohngefühl der Renaissance in barocken Formen ausdrückte, bis dann Schinkel einen gründlichen Umbau vornahm, hängen sie alle in nachgedunkelten Porträts: Johann Friedrich Adolf, der sich dem Befehl Friedrichs verweigerte, als Antwort auf die

Plünderung des Schlosses Charlottenburg durch sächsische Truppen das sächsische Schloß Hubertusburg zu verheeren, und der, weil es gegen die Ehre ging, lieber den Abschied nahm. Friedrich August Ludwig, der nach der Katastrophe von Jena und Auerstedt in den revolutionären Ideen des Freiherrn zum Stein und den ökonomischen Theorien seines Gutsnachbarn Hardenberg eine Bedrohung der ständischen Grundlagen des alten Preußen sah und seinen anderen Nachbarn, den Finck von Finkkenstein, gewann, namens der lebusischen Stände gegen die umstürzlerischen Vorhaben keine *Petition*, sondern einen *Protest* einzulegen, und der dafür auf die Festung Spandau ging; und Alexander, der aristokratische Freund der Rahel Levin, Schwarmgeist und Staatsdenker, »in sieben Sprachen und fünf Wissenschaften zu Hause«. Als er mit siebenundzwanzig fällt, hinterläßt er Konvolute fragmentarische Schriften zur Philosophie, zur Geschichte, zum Recht.

Das ist die schwere Zeit der Noth,
Das ist die Noth der schweren Zeit,
Das ist die schwere Noth der Zeit,
Das ist die Zeit der schweren Noth,

schrieb Chamisso, Flüchling aus Paris, seinem Freunde Hitzig in den Tagen der Todesnachricht. Übrigens saß Chamisso gleich nebenan, nämlich bei Itzenplitz auf Kunersdorf, wo er ein Herbarium über die Flora des Oderbruchs anlegte und den »Schlemihl« schrieb. Als vom Felde Schreckensnachricht auf Schreckensnachricht kam, half der Refugié den Landsturm exerzieren. »Mit euch unterzugehen, will ich nicht verneinen«; so an Varnhagen in diesem Mai 1813.

Der unscheinbare Ort, vierzig Insthäuser und ein ländlicher Herrensitz, Kartoffeln und Roggen, war Preußen auf unnachahmliche Weise – pauvre und idealisch, geistreich und voller Standesgefühl.

Die Literatur ritt an der Tete, soviel sah man und liebte man, dichtete auch wohl selber. Aber besser war es schon, wenn auch die Schreibenden Aristokraten waren, wie Achim von Arnim auf Wiepersdorf, Friedrich de la Motte Fouqué auf Nennhausen, Friedrich von Hardenberg, der sich Novalis nannte, die Schwerins auf Tamsel drüben jenseits der Oder oder eben Adalbert von Chamisso. So ganz war Goethe doch kein Standesherr. Als der ältere Marwitz ihn 1806 beim Herzog von Weimar trifft, gibt er ein allerliebstes Urteil: »Wenngleich der natürlich freie Anstand des Vornehmen sich vermissen ließ.« »Es gebrach eben«, kommentiert Fontane, »ein unaussprechliches Etwas, vielleicht die Hohe Schule des Regiments Gensdarmes.«

Und dennoch, was für eine Welt, diese ländlichen Gutshäuser, mit jedem von ihnen ein halbes Dutzend Namen verbunden, die etwas bedeuten, meist Generäle, oft Minister, auch Diplomaten oder Kammerherren. Alle mit hochfliegenden Ideen und kargen Mitteln, keine ungarischen oder schlesischen Magnaten, große Verhältnisse auf kleinem Grund. Alles hier hat Allüre, selbst der Gartensaal, der eigentlich nur ein Zimmer zum Park ist.

Es ist nichts mehr da. Nichts hier in Friedersdorf, kein Schloß mehr, keine Bibliothek und keine Ahnenbilder. Nur die Erinnerung hat sie heraufgeholt, der Platz selber ist leer. Das Gutshaus, an jenem 4. Februar, als sie bei Seelow über die Oder gingen, nur mäßig beschädigt, ist ein paar Jahre nach dem Krieg, fast gleichzeitig mit den Stadtschlössern von Berlin und Potsdam, gesprengt worden, wie auch die ländlichen Schlösser von Kunersdorf und Schulzendorf, wo die Pfuels saßen; Finckensteins Reitwein wurde erst vor ein paar Jahren abgebrochen. Die Steine sollten an die Neusiedler aus Schlesien, Ostpreußen und Pommern verteilt werden, wozu es aber nicht mehr kam; da war schon die Kollektivierung da. Aus der alten Feldsteinkirche noch aus der Ordenszeit hat man gleich nach dem Krieg die Marwitzsche Gutsloge gebrochen wie gleich nebenan im Kloster Friedland auch.

Inzwischen hat die Zeit ihr Werk getan. Die Kirche, die für Fontane in den Marken nicht ihresgleichen hatte, weil das Braun der die Empore tragenden Pfeiler mit dem Weiß des Marmors der Sarkophage und Büsten und dem Bunten der Gemälde »ein glückliches Sichvermählen« eingegangen war, so daß die Gottesstätte etwas heiter Anregendes hatte, ist wieder verfallene Feldsteinkirche geworden und mit rostiger Kette versperrt. So sah sie wohl aus, als nach der Askanierzeit das schreckensvolle Interregnum die blühende Mark in eine Wüste verwandelt hatte. Nur vierzig Jahre, und auf dem Friedhof kein Grabstein mehr und kein Kreuz, nicht einmal gestürzt, zerbrochen und überwachsen. Alles eingeebnet, Waldboden mehr als Gottesacker, verwilderte Natur.

Nur draußen, vor dem verriegelten Tor, ein gepflegtes Efeugeviert mit polierter Marmortafel: »Ruhm und Ehre den Helden der Sowjetunion«. Nebenan, im zerschossenen Podelzig, danken die Märker auf metergroßem Spruchband »Dem Marschall G.K. Shukow«. Gleich gegenüber der Gedenkstein für die Toten des ersten Krieges ist abgebrochen wie überall hier. Deutsche Tote gibt es nicht.

»Wählte Ungnade, wo Gehorsam nicht Ehre brachte.« Auch dieser Stein ist bis zur Unkenntlichkeit verwittert und überwuchert. Vielleicht ist die Erinnerung genug.

Was für heiter stimmende Namen an jeder Weggabelung. Pimpinellenberg, Beresinchen, Gottesgabe, Güstebiese, Berlinchen und dann der prosaische Zickenberg, der um die Jahrhundertwende poetischer Monte Caprino wird. Neues Land, Kolonistenland, man muß sich Namen finden, gestern waren ja hier noch Hochflächen im Luch. Auch scheint man ein gelassenes Verhältnis zu sich selber gehabt zu haben; daß Belvedere zum Bruch nicht paßt, wußte man.

Das Poplige ist geblieben, das Poetische dahin. Nun gibt diese Welt nichts mehr her, nur Gerste und Kartoffeln; nicht einmal die Wirtshäuser sind mehr da, die Gartenwirtschaften und Sommerfrischen. Kießlings »Wanderbuch für die Mark Brandenburg« von 1914 zählt sie noch alle auf: »Bothes Gasthaus« in Güstebiese, gleich drei Hotels und zwei Restaurants in Berlinchen und die »Villa Bergfrieden« auf dem Zickenberg.

Wo sind sie geblieben, was haben sie angerichtet, daß sie dem Neuen geopfert wurden? Nun hat man zwischen Oder und Spree Mühe, auch nur eine Wirtschaft zu finden, wo man einkehren könnte. Erst am Stadteingang nach Berlin, wo sich der Wegweiser nach *Slubice* findet (69 km), was der jenseits der Oder gelegene Teil Frankfurts ist, finden sich Gaststätten. Schwer zu begreifen, weshalb mit den Schlössern auch die Wirtshäuser fallen mußten, neben der hohen Poesie auch die geringe. Nur die verdrießliche Prosa blieb.

Keine Karte, kein Wegweiser gibt die Richtung nach Neu-Hardenberg an, dem Sitz des Fürst-Kanzlers, Geschenk des Monarchen nach den Befreiungskriegen. Wie Fouqués Nennhausen auf der milden Hügellandschaft des Stromes literarischer Mittelpunkt der Romantik, Salon im Bruch gewesen ist, so war Neu-Hardenberg auf den Abhängen des Barnim Bühne und Text zugleich des Stücks, das Klassizismus hieß. Langhans hatte den ländlichen Gutshof Quilitz 1785 bis 1790 in antikischer Manier umgebaut, Schinkel ihn dann 1820 aufgestockt, Pückler den Lennéschen Garten in einen englischen Park verwandelt; die Skulpturen von Schadow und Rauch. Nicht ein Name preußischen Stilwillens zwischen 1780 und 1820, der an diesem Gesamtkunstwerk nicht beteiligt gewesen wäre.

Es kann nicht sein, daß mit dem Schloß auch der ganze Ort verschwunden ist. So folgt man, der Karte von damals vertrauend, der alten Landstraße, die von Seelow über Gusow, wo der achtzigjährige Derfflinger – sein Epitaph von Schlüter – die letzten Jahre seines Lebens mit seinen Zedern und Zypressen zubrachte; dann macht sie eine Biegung und führt nach Kunersdorf, das Friedrich dem Lestwitz schenkte, weil der ihm die Schlacht von Torgau gerettet hatte.

Aber kein Neu-Hardenberg, nur ein Angerdorf namens Marxwalde. Lange baumgesäumte Straße, die eingeschossigen alten Häuser geben den Blick auf die Felder frei. Nicht malerisch, aber voller Charakter; Anlage nicht des achtzehnten Jahrhunderts, sondern früherer, wendischer Zeiten. Aber merkwürdig klassizistisch die axiale Gliederung, so sah die Landbaukunst des älteren Gilly aus.

Plötzlich eine Vision: das Schloß, Hardenbergs

Neu-Hardenberg. Kein märkischer Adelssitz, kein englisches Landhaus, kein aus der Landschaft gewachsenes Château, das noch seine Steine aus den umliegenden Bergen geholt hat. Ganz Schloß, sentimentalischer Wille zur Klassik, fremd in die Äcker gebaut, strenge Gesimse, heller Putz, nichts von draußen aufnehmend, alles stolz verneinend und überhöhend, draußen der Barnim, drinnen Athen.

Der Anblick macht lächeln, wie hinten auf dem Vorwerk auch Schinkels Molkenhaus in Form einer Basilika. Welche Anstrengung der Empfindung und des Gedankens, wie verlangend das Sehnen nach der Antike, Traum in die Rüben gestellt. Hier also saß der Reform-Kanzler Preußens zwischen Jena und Waterloo, ein großer Kunstsammler, der auf die Rückführung seiner nach Paris entführten Sammlungen ausdrücklich verzichtete, weil er auf dem Wiener Kongreß die Restitution der geraubten Kunstgüter nicht mit Entschiedenheit verlangen könne, wenn er mit den öffentlichen Interessen zugleich seine eigenen fördere.

Was blieb, kann mehr schmerzen, als was versunken ist. In Friedersdorf kommen einem Phantasie und Erinnerung zu Hilfe, hier bleibt nur verhunzte Gegenwart. Das Schloß, leer und ruiniert, in der Auffahrt eine fünf Meter hohe Pyramide als Erinnerungsmal für die fremden Gefallenen, davor eine Spruchtafel, die der ruhmreichen Roten Armee für die Befreiung dankt und ewige Waffenbrüderschaft gelobt. Wo Hardenbergs geliebter französischer

Garten im Geschmack des achtzehnten Jahrhunderts war, jetzte ein Postament mit dem übergroßen Kopf von Karl Marx, der englische Park Pücklers verwilderte Wiese, Haselnußgestrüpp, verfallene Gartenarchitekturen, Baracken für allerlei Gerätschaften, zerbrochene Brunnenschalen. Aus dem Teich mit seinen von Blechen gezeichneten Schwänen ist inzwischen morastige Wiese geworden.

Keine Melancholie über allem, auch nicht Poesie des Verfalls, nur Heruntergekommensein. Wahrscheinlich ist es gut, daß es Marxwalde heißt; es gibt Neu-Hardenberg nicht mehr.

Unwirkliche Gespensterauffahrt vor dem Schloß. Räder drehen sich, der Kies knirscht. Ist es der Wagen Friedrichs, der dieses Gut seinem Retter vor den Kosaken bei Zorndorf schenkte und jetzt befremdet die Aufführung eines Herrensitzes sieht: »Prittwitz, Er baut ja ein *Schloß*?« woraufhin der gleich das Dach auf das Erdgeschoß setzt und den Ausbau seinem Nachbesitzer überläßt? Ist es die Kutsche, die Humboldt, Schinkel und Rauch aus Berlin hierherbringt, wo sie der Hausherr und sein Schwiegersohn, der Fürst Pückler, schon erwarten? Oder der Wagen, der, bald nach dem 20. Juli, den letzten Hardenberg auf Neu-Hardenberg abholt und nicht mehr zurückbringen wird?

Kein Rad auf Kies, längst ist die Auffahrt zu überwachsenem Pfad geworden, nur ein paar Kinder spielen. Zerstoben, was diese Schlösser einst bevölkerte, keine preußischen Aristokraten mehr, die Schlachten und Verse machen, keine geistreichen Jüdinnen, die lange Briefe an märkische Junker richten. Wo die Handwerkersöhne aus den umliegenden Landstädten, Schadow aus Saalow, Schinkel aus Neuruppin, Hackert aus Prenzlau, der geadelte Humboldt aus Königsberg in der Neumark, jetzt polnisch?

Konstantinopel steigt herauf, um 1500, eine Generation nach dem Fall. Weithin unbeschädigt hatte die Kaiserstadt den türkischen Sturm überstanden, aber die Menschen waren gegangen, die Nobilität und die Beamtenschaft, Kaufleute und Künstler; nur die Kirche war auch damals geblieben. Noch heute zeugen die byzantinischen Einsprengsel in Oberitalien von den Zugewanderten aus der eroberten Stadt. Sie selber war nur noch ein Schatten, ferne Erinnerung ihrer selbst. Der Traum vom Rom an der Grenze Asiens war ausgeträumt.

Abgeräumte Bühne, verbrannte Kulissen, die Spieler sind gegangen, das Publikum auch. Schemenhaft sinkt das unbewohnte Schloß zurück. Über fremde Straßen geht es in die Stadt. Irgendwo weisen Schilder nach Wroclaw und Szczezin.

Was, wenn nicht dies, ist ruinierte Geschichte?

QUELLENVERZEICHNIS

Die Gedichte oder Gedichtstrophen von Gottfried Benn und Rudolf Borchardt wurden mit freundlicher Genehmigung des Verlages Klett-Cotta nach folgenden Ausgaben zitiert:
Gottfried Benn: »Sämtliche Werke«, Stuttgart ab 1986
Rudolf Borchardt: »Gesammelte Werke« in Einzelausgaben, Stuttgart ab 1956.
Der Wortlaut der Zitate von Wilhelm v. Humboldt, Friedrich Nietzsche, Graf Platen, Adalbert v. Chamisso und Theodor Fontane folgt der jeweils verbindlichen Ausgabe.

Abbildungen

Die Anstrengung dieses Bandes gilt der Vergegenwärtigung des Vergangenen und des Dauernden. Das gilt für die Texte wie für die Bilder, die Barbara Klemm beisteuerte. Lediglich die Aufnahmen auf den Seiten 30/31 und 106/107 sowie 108/109 entstammen alten Archiven, und ihre Urheber lassen sich nicht mehr feststellen. Die Aufnahme des Schutzumschlages, die Dorfaue von Fehrbellin zeigend, verdankt der Autor Peter Thomann.
Die Karten in den Vorsätzen sind entnommen dem »Wanderbuch für die Mark Brandenburg«, Berlin 1917.

WOLF JOBST SIEDLER

geboren 1926 in Berlin, Verleger und Autor. 1964 erschien der Band » Die gemordete Stadt«, zwei Jahre später die Essay-Sammlung » Behauptungen«. Gemeinsam mit Ernst Jünger publizierte er 1977 den Band » Bäume«. 1982 erschien die Essay-Sammlung »Weder Maas noch Memel. Ansichten vom beschädigten Deutschland«, 1985 der Bildband » Die verordnete Gemütlichkeit« und 1986 das Buch » Auf der Pfaueninsel. Spaziergänge in Preußens Arkadien«.

Der Siedler Verlag ist ein gemeinsames Unternehmen der Verlagsgruppe Bertelsmann und von Wolf Jobst Siedler.

CIP-Titelaufnahme der Deutschen Bibliothek

Siedler, Wolf Jobst: Wanderungen zwischen Oder und Nirgendwo: d. Land d. Vorfahren mit d. Seele suchend/ Wolf Jobst Siedler. – 3. Aufl. – Berlin: Siedler 1988
Corso bei Siedler
ISBN 3-88680-303-1

© 1988 by Wolf Jobst Siedler Verlag, GmbH, Berlin.
Alle Rechte vorbehalten, auch das der fotomechanischen Wiedergabe. Satz: Bongé + Partner, Berlin. Ausstattung: H. P. Willberg, Eppstein/Ts. Reproduktionen: Faesser, Berlin. Druck und Buchbinder: Clausen & Bosse, Leck
Printed in Germany 1990
ISBN 3-88680-303-1